江苏省高级人民法院
公 报

GAZETTE OF THE HIGHER PEOPLE'S COURT OF JIANGSU PROVINCE

江苏省高级人民法院 编

法 律 出 版 社
——北 京——

图书在版编目(CIP)数据

江苏省高级人民法院公报. 2021年. 第6辑 : 总第78辑 / 江苏省高级人民法院编. -- 北京 : 法律出版社, 2022

ISBN 978-7-5197-6438-8

Ⅰ. ①江… Ⅱ. ①江… Ⅲ. ①法院－文件－汇编－江苏－2021 Ⅳ. ①D926.229

中国版本图书馆CIP数据核字(2022)第026314号

江苏省高级人民法院公报
(2021年第6辑:总第78辑)
JIANGSUSHENG GAOJI RENMIN FAYUAN GONGBAO
(2021 NIAN DI-6 JI:ZONG DI-78 JI)

江苏省高级人民法院 编

责任编辑 冯高琼
装帧设计 汪奇峰 贾丹丹

出版发行 法律出版社
编辑统筹 法规出版分社
责任校对 张红蕊
责任印制 耿润瑜
经　　销 新华书店

开本 A4
印张 4.75　**字数** 96千
版本 2022年6月第1版
印次 2022年6月第1次印刷
印刷 三河市兴达印务有限公司

地址:北京市丰台区莲花池西里7号(100073)
网址:www.lawpress.com.cn
投稿邮箱:info@lawpress.com.cn
举报盗版邮箱:jbwq@lawpress.com.cn
销售电话:010-83938349
客服电话:010-83938350
咨询电话:010-63939796

书号:ISBN 978-7-5197-6438-8
定价:15.00元
凡购买本社图书,如有印装错误,我社负责退换。电话:010-83938349

江苏省高级人民法院公报

2021 年第 6 辑(总第 78 辑)

司法文件

审判动态

参阅案例

司法信息

江苏省高级人民法院　江苏省人民检察院 江苏省司法厅　江苏省律师协会 关于进一步规范律师与法官检察官 接触交往行为规定的实施办法

（苏司通〔2021〕27 号　自 2021 年 10 月 10 日起施行）

第一条　为进一步规范律师与法官、检察官的接触交往，维护司法公正，根据《中华人民共和国法官法》《中华人民共和国检察官法》《中华人民共和国律师法》和《最高人民法院、最高人民检察院、公安部、国家安全部、司法部关于进一步规范司法人员与当事人、律师、特殊关系人、中介组织接触交往行为的若干规定》等有关规定，结合本省工作实际，制定本实施办法。

第二条　人民法院、人民检察院、司法行政机关、律师协会应当重视加强法律职业共同体建设，建立法官、检察官与律师彼此尊重、平等相待、相互支持、相互监督、正当交往和良性互动的新型关系。

第三条　人民法院、人民检察院应当建立公正、高效、廉洁的办案机制，加强对法官、检察官社会交往行为的日常监督和离任法官、检察官的教育管理，防止法官、检察官违规从事律师职业、接受利益输送或者谋取、索取不正当利益。

第四条　司法行政机关、律师行业党委、律师协会应当加强行业党的建设，强化政治引领，严格指导监督，教育引导律师自觉规范与法官、检察官之间的接触交往行为，依法维护当事人合法权益，维护法律正确实施，维护社会公平和正义。

第五条　人民法院、人民检察院、司法行政机关、律师协会之间应当加强对接沟通，推动法律职业共同体成员之间公开、透明、规范接触交往，建立健全法官、检察官与律师正当交往、良性互动机制。

（一）培训交流机制。共同组织开展业务培训、研讨会、辩论赛等活动，共建线上法律知识库，加强思想政治引领，强化法律适用研究，交流案件办理经验，共同提高专业能力。

（二）听取意见机制。共同组织召开联席会、座谈会等活动，交流、通报保障律师执业权利等工作情况，集中听取法官、检察官和律师意见，研讨解决办法和措施。建立网上互通平台，线上提出意见建议，线上反馈办理结果。

（三）问题研究机制。共同组织开展重大涉法涉诉信访化解会商、疑难复杂案件研讨等活动，共建法律人才库，发挥律师积极作用，充分听取律师履职意见，不断提升工作质效。

（四）双向互评机制。共同组织开展优秀法律文书评选，优秀表彰人员互评征求意见，选派人员加入各惩戒委员会，共看庭审录像互评职业素养等活动，促进相互监督、良性互动，推动法律职业共同体协调发展。

（五）权利保障机制。严格执行最高人民法院、最高人民检察院、公安部、国家安全部、司法部《关于依法保障律师执业权利的规定》和江苏省《关于依法保障律师执业权利加强法官与律师职业共同体建设的实施意见》《关于在刑事诉讼活动中建立检律良性互动机制的意见》《关于进一步依法保障和规范律师会见工作若干问题的通知》《关于在民事诉讼中使用调查令的规定（试行）》《关于依法保障律师调查取证权的若干规定（试行）》《关于建立健全律师执业权利救济机制的规定（试行）》等规定，切实依法保障律师执业权利。

（六）联合查处机制。共同建立健全线索排查、信息通报、问题查处和研判会商等制度。定期排查各职权范围内办理案件涉及法官、检察官、律师违纪违法行为线索，及时相互通报信息，移送问题线索材料，依法调查作出处理，研判会商工作形势，共同规范职业道德。

第六条 律师应当遵守宪法和法律，不得以下列方式请求法官、检察官违法办理案件，妨碍司法公正：

（一）请求违反规定受理案件；

（二）请求违反规定确定案件承办人员；

（三）请求违反规定帮助调查、收集证据；

（四）请求违反规定作出批捕或者不批捕决定；

（五）请求违反规定作出起诉、不起诉或者撤销案件的决定；

（六）请求强迫当事人撤诉或者接受调解；

（七）请求违反规定指定鉴定、评估等机构；

（八）请求违反规定采取保全措施或者解除保全措施；

（九）请求滥用强制措施或者违反规定执行、故意拖延执行、不执行；

（十）请求违反规定追加、变更诉讼主体、被执行主体；

（十一）请求违反规定执行第三人、案外人的财产；

（十二）请求违反规定对案件暂缓、中止、终结执行或者恢复执行；

（十三）请求违反规定代领当事人的案件标的款物；

（十四）请求违反规定提供案件咨询意见或法律意见；

（十五）请求向上级机关提出对案件的处理意见或建议；

（十六）请托为案件说情打招呼，打听办案机关内部对案件的办理意见、案件办理情况、未公开工作信息；

（十七）请求介绍案件或者干涉、影响对案件的公正办理；

（十八）邀请参加律师事务所的开业或庆典等活动；

（十九）其他可能影响司法公正的请托行为。

法官、检察官应当遵守办案纪律，不得接受前款所列律师请托事项，违反法律规定办理案件，滥用职权，枉法裁判，帮助律师谋取不正当利益。

第七条　法官、检察官不得利用职务之便，以下列方式通过律师为本人或者他人谋取不正当利益：

（一）索取或者收受律师的财物、变相赞助；

（二）借婚丧喜庆等事宜索取或者收受律师的财物；

（三）以交易形式非法收受律师的财物；

（四）与律师“合作”开办公司或者进行其他“合作”投资；

（五）委托律师投资证券、期货、基金、信托产品或者其他委托理财；

（六）与律师约定在其离职后收受财物，以及在离职后收受财物；

（七）要求或者接受律师出资装修房屋、购买商品或者安排各种娱乐休闲、健身美容、旅游度假等消费活动；

（八）要求或者接受律师安排吃请；

（九）要求或者接受律师提供金融担保；

（十）要求律师支付或者通过律师报销费用；

（十一）向律师、律师事务所或者通过律师、律师事务所借用钱款，或者借用、租赁房屋、交通工具、通讯工具及其他财物；

（十二）要求律师为本人或特定关系人免费或者低价提供法律服务；

（十三）办理案件期间，要求案件承办律师为本人或特定关系人办理其他法律事务；

（十四）要求安排特定关系人到律师事务所工作或者挂名领薪；

（十五）授意律师将有关财物给予特定关系人；

（十六）其他通过律师谋取不正当利益的行为。

律师应当遵守职业道德和执业纪律，不得以前款所列方式给予或者帮助谋取不正当利益，许诺提供利益，介绍贿赂，指使、诱导当事人或利害关系人等向法官、检察官行贿，实施妨碍司法公正行为。

第八条 法官、检察官在履行职务中，存在法律规定的回避情形的，应当自行回避。

律师在办理案件中发现承办案件的法官、检察官存在应当回避情形但没有自行回避的，应当依法提出对该法官、检察官的回避申请。

第九条 法官、检察官在案件办理过程中，不得在非工作场所、非工作时间会见案件承办律师。因办案需要，确需与案件承办律师在非工作场所、非工作时间接触的，应办理相关手续，且有其他人员参加，同时记录相关情况留存。

律师在案件办理过程中因工作需要，确需在非办公场所、非工作时间接触案件承办法官、检察官的，应当向律师事务所书面报告，并待法官、检察官依照规定获批后再行接触。

第十条 法官、检察官在案件办理过程中因不明情况或者其他原因在非工作场所或非工作时间接触案件承办律师的，应当在接触后三日内向本单位纪检监察部门报告有关情况。

律师在案件办理过程中因不明情况或者其他原因在非工作场所或非工作时间接触案件承办法官、检察官的，应当在接触后三日内书面向律师事务所说明情况。

第十一条 律师办理法官、检察官及其近亲属的法律事务，应当在接受委托时如实向律师事务所作出书面说明。

第十二条 律师事务所聘任离任法官、检察官的，应当向司法行政机关、律师协会报备，同时抄送法官、检察官离任前所在单位。不得聘任因故意犯罪被追究过刑事责任、因违纪违法被开除公职的法官、检察官。

第十三条 律师事务所党组织应当加强组织引领、执纪监督，律师事务所应当强化对本所律师、实习人员和其他人员的日常监管，严格执行收案审查制度，不得指派或者纵容、放任本所离任法官、检察官从事以下法律服务活动：

（一）从人民法院、人民检察院离任后二年内，以律师身份担任诉讼代理人或者辩护人；

（二）担任原任职人民法院、人民检察院办理案件的诉讼代理人或者辩护人；

（三）承办与曾经参与办理过的案件有关联的法律事务；

（四）在法律规定的禁业期和禁业范围内，从事隐名代理、幕后代理活动；

（五）充当司法掮客，从事与本实施办法第六条、第七条所列情形相关的活动。

第十四条　法官、检察官违反本实施办法的，依照《中国共产党纪律处分条例》《人民法院工作人员处分条例》《检察人员纪律处分条例》等规定给予处分；构成犯罪的，依法追究刑事责任。

第十五条　律师、律师事务所违反本实施办法的，依照《中国共产党纪律处分条例》《中华人民共和国律师法》和中华全国律师协会《律师协会会员违规行为处分规则（试行）》等规定给予惩戒；构成犯罪的，依法追究刑事责任。

第十六条　外省律师违规与本省法官、检察官交往的，或者外省法官、检察官违规与本省律师交往的，移送有管辖权的机关进行处理。

第十七条　律师与人民法院、人民检察院的审判辅助人员、检察辅助人员、司法行政人员及其他人员之间的交往，参照本实施办法执行。

第十八条　基层法律服务、司法鉴定、公证等法律服务从业人员和机构，参照本实施办法执行。

第十九条　本实施办法自2021年10月10日起施行。法律法规另有规定的，从其规定。

江苏法院2021年审判执行工作基本情况

1－12月，全省法院受理各类案件2048281件，[①]同比增长16.79%，其中，新收1827946件，同比增长22.63%。审执结1807664件，同比增长17.89%。未结案件240617件，同比增长9.15%。

一、刑事案件情况

1－12月，全省法院新收刑事案件79048件，同比减少5.27%。新收一审危害公共安全犯罪案件27487件，同比减少1.60%，其中，危险驾驶罪案件21665件，同比减少2.82%。新收一审破坏社会主义市场经济秩序犯罪案件4253件，同比减少19.08%，其中，生产、销售伪劣商品罪案件703件，同比减少6.27%；破坏金融管理秩序罪案件964件，同比减少4.65%；危害税收征管罪案件501件，同比减少49.75%；侵犯知识产权罪案件481件，同比减少26.45%；扰乱市场秩序罪案件1114件，同比减少3.80%。新收一审侵犯公民人身权利、民主权利犯罪案件6612件，同比减少3.09%，其中，故意伤害罪案件2350件，同比减少11.99%。新收一审侵犯财产犯罪案件19837件，同比减少15.26%，其中，盗窃罪案件12827件，同比减少14.75%；诈骗罪案件5407件，同比减少16.55%。新收一审妨害社会管理秩序犯罪案件13986件，同比增长7.06%，其中，扰乱公共秩序罪案件7763件，同比增长20.71%；妨害司法罪案件1955件，同比增长74.09%；破坏环境资源保护罪案件1039件，同比减少27.34%；走私、贩卖、运输、制造毒品罪案件1393件，同比减少45.33%；组织、强迫、引诱、容留、介绍卖淫罪案件1437件，同比增长22.72%。新收一审贪污贿赂犯罪案件846件，同比增长9.16%。新收一审渎职犯罪案件50件，同比减少35.06%。全省法院共审结刑事案件80576件，同比减少3.31%。

二、民事案件情况

1－12月，全省法院新收民事案件1090386件，同比增长26.79%。新收一审人格权纠纷案件11575件，同比增长8.23%，其中，生命权、身体权、健康权纠纷案件9417件，同比增长2.62%。新收一审婚姻家庭、继承纠纷案件118992件，同比增长19.28%。新收一审物权纠纷案件22122件，同比增长31.20%。新收一审合同、准合同案件624049件，同比增长27.83%，其中，买卖合同纠纷案件112117件，同比增长19.62%；房屋买卖合同纠纷

① 2021年，最高人民法院对司法统计标准进行了调整，恢复执行案件，财产保全执行案件等不再纳入司法统计的案件统计范围，故全省法院案件总数和执行类案件扣除了上述案件，在计算同比时，对2020年的数据也进行了相应的扣除。

案件 36659 件，同比增长 21.65%；借款合同纠纷案件 210334 件，同比增长24.38%；租赁合同纠纷案件 40117 件，同比增长 21.53%；建设工程合同纠纷案件 31536 件，同比增长 29.32%；物业服务合同纠纷案件 34692 件，同比增长 34.14%。新收一审知识产权与竞争纠纷案件 28249 件，同比增长 51.08%，其中，知识产权合同纠纷案件 2630 件，同比增长 11.44%；知识产权权属、侵权纠纷案件 25034 件，同比增长 57.50%。新收一审劳动争议、人事争议案件 43846 件，同比增长 14.28%，其中，劳动争议案件 43327 件，同比增长 14.79%。新收一审与公司、证券、保险、票据等有关的民事纠纷案件 43001 件，同比增长 59.05%，其中，与公司有关的纠纷案件 8653 件，同比增长 30.41%；保险纠纷案件 23307 件，同比增长 66.54%。新收一审侵权责任纠纷案件 89617 件，同比增长 26.29%。全省法院共审结民事案件 1067740 件，同比增长 20.42%。

三、行政案件情况

1－12 月，全省法院新收行政案件 25975 件，同比增长 17.02%。新收一审治安类案件 907 件，土地类案件 1121 件，规划类案件 377 件，拆迁类案件 2132 件，工商类案件 387 件，劳动、社会保障类案件 2316 件。全省法院共审结行政案件 26068 件，同比增长 16.03%。

四、执行案件情况

1－12 月，全省法院新收执行类案件 482174 件，同比增长 20.56%。其中，新收首次执行案件 455389 件，同比增长 20.68%；执行异议案件 17734 件，同比增长 18.96%；执行复议案件 3349 件，同比增长 27.10%；执行监督案件 4885 件，同比增长 34.57%。全省法院共执结 483374 件，同比增长 15.34%。

供稿单位：省法院审判管理与信息技术处

江苏法院2021年度十大典型案例

一、麻某某故意杀人、强奸案

（一）基本案情

1992年3月20日22时许，被告人麻某某在南京市汉中路140号原南京医学院校园内，发现被害人林某独自在教室自习，即上前搭讪。遭林某拒绝后，麻某某持铁棍将林某暴力胁迫至该教学楼天井处，强行与林某发生性关系，期间因遭到林某反抗，麻某某用铁棍多次击打林某头部。后因担心罪行败露，麻某某将林某拖至教学楼外，将林某头朝下投入窨井后盖上井盖，又将林某的书包、书本、衣物等随身物品投入旁边另一窨井内。作案后，麻某某因形迹可疑被校卫队队员盘查时逃离现场。同年3月24日，林某的尸体在窨井内被发现。经鉴定，林某系被他人用钝器击打头部致颅脑损伤合并溺水引起机械性窒息而死亡。2020年2月23日，麻某某被抓获归案。

（二）裁判结果

2020年10月14日，南京市中级人民法院依法对该案进行一审公开宣判，以故意杀人罪判处被告人麻某某死刑，剥夺政治权利终身；以强奸罪判处有期徒刑七年，决定执行死刑，剥夺政治权利终身。对附带民事诉讼原告人朱某某（林某母亲）提起的附带民事诉讼请求，依法予以支持。宣判后，麻某某提出上诉。2021年1月19日，江苏省高级人民法院二审裁定驳回上诉，维持原判，并依法报请最高人民法院核准。2021年6月10日，遵照最高人民法院下达的执行死刑命令，南京市中级人民法院依法对罪犯麻某某执行死刑。

（三）典型意义

习近平总书记指出，“公平正义是司法的灵魂和生命”“要坚持公正司法，发挥司法断案惩恶扬善功能”。28年前南医大女生被杀案，多年来一直备受社会关注。随着2020年年初公安机关侦破该案，被害人家属和社会大众对人民法院能否依法公正裁判、严惩犯罪分子、回应社会关切具有极高的期待。在该案审理过程中，法院严守证据裁判规则，全面审查事实证据，以高度的历史责任感和使命感，精准适用法律，解决了因发案时间较长引发的一系列重点、难点问题，最终依法判处被告人麻某某死刑。人民法院以实际行动庄严宣告正义终将实现。该案裁判兼顾天理国法人情，是司法坚持以人民为中心、依法惩治严重影响群众安全感犯罪的生动实践。

二、仇某某侵害英雄烈士名誉、荣誉刑事附带民事公益诉讼案

（一）基本案情

在卫国戍边官兵誓死捍卫国土的英雄事迹被报道后，2021 年 2 月 19 日上午，被告人仇某某为博取眼球，获得更多关注，在其住处使用其新浪微博账号“辣笔小球”（粉丝数 250 余万），先后于当日上午 10 时 29 分、10 时 46 分发布 2 条微博，歪曲卫国戍边官兵的英雄事迹，诋毁贬损卫国戍边官兵的英雄精神，侵害英雄烈士名誉、荣誉。上述微博在网络上迅速扩散，造成恶劣的社会影响。当晚 22 时许，仇某某在南京市建邺区被抓获归案。

（二）裁判结果

南京市建邺区人民法院于 2021 年 5 月 31 日作出（2021）苏 0105 刑初 149 号刑事附带民事判决：被告人仇某某犯侵害英雄烈士名誉、荣誉罪，判处有期徒刑八个月；被告仇某某自本判决生效之日起十日内通过国内主要门户网站和全国性媒体公开赔礼道歉，消除影响。宣判后，被告人仇某某表示服判，未提起上诉，判决已经发生法律效力。

（三）典型意义

英雄烈士的事迹和精神是中华民族共同的历史记忆和宝贵精神财富，是中国共产党领导中国各族人民百年来不懈奋斗伟大历程、可歌可泣英雄史诗的缩影和代表，是实现中华民族伟大复兴的强大精神动力。近年来，一些歪曲历史、诋毁英烈的网络违法行为，污浊网络环境，受到强烈谴责。本案是刑法新增侵害英雄烈士名誉、荣誉罪后，人民法院以该罪对被告人定罪处罚的全国首案，在定罪量刑、裁判说理以及附带民事公益诉讼等方面为准确适用该罪提供了重要参考。被告人作为“网络大V”，诋毁、贬损英勇牺牲的戍边官兵，不仅损害了英雄烈士的人格权，而且伤害了社会公众的民族情感，损害了公共利益。本案裁判彰显了人民法院保护英烈合法权益、弘扬英烈精神的坚定立场，有助于营造崇尚英烈、爱护英烈、学习英烈的良好社会氛围。同时，本案裁判再次向社会重申，“网络空间不是法外之地”，英烈不容诋毁，法律不容挑衅，任何歪曲真相、抹黑英烈的行为，都将受到法律的制裁。

三、罗某等人跨境电信网络诈骗案

（一）基本案情

自 2018 年以来，黄某某组织数百人在柬埔寨、蒙古国等地实施跨国电信网络诈骗犯罪，并形成犯罪集团。该诈骗集团根据职能设立业务、技术、后勤、后台服务等多个部门。其中，业务部门负责寻找有意向炒股的股民（潜在被害人）并拉进微信聊天群，按照预设的诈骗话术发送信息、开设直播平台，由被告人在微信群内扮演“老师”讲授股票知识、扮演“股民”虚构投资获利情况等，骗取被害人信任，进而诱骗被害人在诈骗集团控制的虚假平台进行投资。后台服务部门根据业务部门发来的被害人转账截图等信息，核查钱款到账情况，

并通过地下钱庄将钱款非法占有。为隐瞒真相，后台服务部门根据被害人汇款情况将对应数据录入虚假平台，使被害人误以为钱款已注入自己在投资平台上的账户；根据被害人的提款申请，后台服务部门还会视情况返还少量款项。待被害人大量投进钱款后，由技术部门调整虚假投资平台的参数，制造行情下跌、被害人在平台的钱款全部亏损的假象，让被害人误以为系投资失败造成亏损。该犯罪集团使用上述手段共诈骗被害人6亿余元。

2019年3月至10月，被告人罗某、王某、施某、郑某等19人先后加入该犯罪集团下设的后台服务部门。被告人罗某系后台服务部门的负责人，负责全面工作，被告人王某系后台服务部门的骨干成员，负责安排代理和接单人员对接等工作，被告人施某等17人根据安排分别负责钱款统计、客服、接单等工作。另有两名被告人系地下钱庄人员，明知罗某等人实施诈骗，仍将银行卡提供给罗某等人使用，并将诈骗所得钱款进行转移。2019年5月至9月，被告人罗某、王某在柬埔寨接受诈骗集团相关上级人员安排实施网络诈骗活动；同年10月16日至29日，被告人罗某、王某等人同样接受安排在蒙古国继续实施网络诈骗活动，后被蒙古国警方查获。被告人罗某、王某共参与诈骗174196830.48元，其他被告人参与诈骗数额为几十万元至九千多万元不等。

（二）裁判结果

南通市通州区人民法院一审认为，被告人罗某等21人明知犯罪集团组织实施电信网络诈骗犯罪，仍积极参加，参与诈骗数额特别巨大，其行为均已构成诈骗罪。根据各被告人的犯罪事实、犯罪性质、情节和社会危害程度，一审法院于2021年11月15日作出（2020）苏0612刑初723号刑事判决，以诈骗罪判处罗某等3名主犯十年以上有期徒刑，对其他18名被告人亦判处了相应刑罚。

罗某等11名被告人不服，提起上诉。南通市中级人民法院于2021年12月30日作出（2021）苏06刑终371号刑事裁定：驳回上诉，维持原判。

（三）典型意义

依法从严打击电信网络诈骗犯罪，维护人民群众财产安全等合法权益，事关改革发展、社会稳定的大局。党中央高度重视，习近平总书记多次作出重要指示，强调要坚持以人民为中心，全面落实打防管控措施，坚决遏制电信网络诈骗犯罪多发高发态势。当前，电信网络诈骗犯罪形势依然严峻，犯罪分子的作案手段变化快、迷惑性强，且有组织犯罪特征明显，危害严重。本案被告人所涉的“10·30”跨境电信网络诈骗系列案就是其中的典型。2019年10月29日，蒙古国警方在其首都乌兰巴托市抓获了790余名中国籍电信诈骗犯罪嫌疑人，并将其中759人移交我国。经公安部统一部署，该案由江苏省公安机关立案管辖。截至2021年年底，该系列案件先后诉至江苏省八个市16家基层法院，共分为61件案件，涉案被告人计854人（包括后期归案的部分被告人），其中的40件445人已被依法定罪处罚，其余案件尚在审理中。在该系列案件的处理中，相关法院提高政治站位，充分发挥审判职能作用，依法对跨境电信网络诈骗犯罪分子予以严惩，体现了人民法院依法严厉打击电信网络诈骗犯罪的坚强决心。同时，通过集中公开宣判、召开新闻发布会、发布典型案例等形式，加强法治宣传，努力提高人民群众防骗意识和能力，为推进更高水平平安江苏建设作出了积极的贡献。

四、智能电视开机广告公益诉讼案

（一）基本案情

乐融致新电子科技（天津）有限公司（以下简称乐融致新公司）是“乐视TV”智能电视的经营者。2019年3月16日，江苏省消费者权益保护委员会（以下简称江苏省消保委）接到南京市一名消费者的投诉，反映乐融致新公司销售的智能电视存在开机广告且不能关闭。江苏省消保委随即展开调查，根据调查结果，江苏省消保委集中约谈了包括乐融致新公司在内的多家市场占有率较高的智能电视经营者，要求按期整改。经过集中约谈，部分智能电视经营者先后向江苏省消保委发送整改情况回复函，但乐融致新公司迟迟未整改。为维护众多不特定消费者的合法权益，江苏省消保委依法提起公益诉讼，要求乐融致新公司在销售智能电视时以显著方式提示或告知消费者存在开机广告，并提供一键关闭开机广告功能。

诉讼中，乐融致新公司陈述，其已经提供开机广告一键关闭功能，是在15秒开机广告剩余5秒的时候出现一键关闭窗口。江苏省消保委主张，乐融致新公司应当在智能电视开机广告播放的同时提供一键关闭广告功能，即在开机广告播放时可以立即关闭、随时关闭。

（二）裁判结果

南京市中级人民法院一审认为，被告生产和销售的智能电视加载了开机广告，消费者开机后会自动播放15秒左右的开机广告，直到最后5秒时才弹出一键关闭窗口，侵害了消费者的选择权，降低了消费者观看电视的体验，侵害了众多不特定消费者的合法权益。据此，南京市中级人民法院于2020年11月10日作出（2020）苏01民初62号民事判决，判令被告乐融致新公司为其销售的带有开机广告的智能电视机在开机广告播放的同时提供一键关闭功能。乐融致新公司不服，上诉至江苏省高级人民法院。

江苏省高级人民法院二审认为，智能电视厂家有权播放开机广告，但必须保障消费者拒绝接收商业信息的选择权；智能电视生产者，也是开机广告的经营者，应按照法律规定设置一键关闭功能，确保在播放开机广告时消费者能够即时、彻底地关闭广告，而不能设置消费者行使权利的技术障碍。据此，江苏省高级人民法院于2021年3月23日作出（2021）苏民终21

号民事判决:驳回上诉,维持原判。判决生效后,乐融致新公司对新生产的智能电视机设置了即时一键关闭功能。

(三)典型意义

本案是全国首例因智能电视开机广告引发的消费民事公益诉讼案件,也是第一起由高级人民法院作出消费民事公益诉讼终审判决的案件。本案不仅直接关涉众多不特定消费者的合法权益,也间接影响数十家智能电视机生产企业的利益,还可能对于未来智能电视行业的发展产生引导作用,是当前数字经济下不同民事主体间权利冲突的缩影。本案审理过程中,人民法院充分发挥司法裁判指引作用,一方面认可智能电视经营者播放开机广告的权利,另一方面也强调播放开机广告必须按照法律规定设置一键关闭功能,维护消费者自主选择权,合理确定了权利边界和行为界限,平衡了各方利益冲突,为服务保障构建充满活力的消费市场环境,规范新产业新业态新模式健康发展贡献了司法智慧。

五、谷某某等人诉辉田超市生命权纠纷案

(一)基本案情

2020年6月13日下午,67岁的谷某在崇川区辉田日用品超市(以下简称辉田超市)购物时,口袋里放了两只鸡蛋未结账便欲离开,被超市员工发现后拦下询问,谷某返回超市内,将两只鸡蛋悄悄放入超市置物柜内,后谷某突然倒地。超市员工立即拨打110报警,亦有群众对谷某进行心肺复苏。救护人员及时赶到超市进行急救,并将谷某送至南通市中医院抢救。谷某后因抢救无效于当天死亡,死亡原因推断为心肌梗死。谷某某、杜某系谷某亲属,提起诉讼要求辉田超市对谷某的死亡后果承担50%赔偿责任,共计381742元。

(二)裁判结果

南通市崇川区人民法院于2020年12月8日作出(2020)苏0602民初3758号民事判决,驳回了原告谷某某、杜某的诉讼请求。谷某某、杜某不服,提出上诉。

南通市中级人民法院二审认为,辉田超市作为谷某不当行为的直接利益相关方,其员工的劝阻方式和内容均在合理限度之内,不具有违法性,应认定为合法的自助行为。谷某倒地具有突发性,超市员工难以对其身体状况进行判断,且已经及时处理施救,超市尽到了安全保障义务。据此,南通市中级人民法院于2021年3月25日作出(2021)苏06民终189号民事判决:驳回上诉,维持原判。

(三)典型意义

司法实践中,受害者遭受人身伤害甚至丧失生命等严重后果的,即使相对方没有违法行为,部分裁判也会从照顾弱者、缓和矛盾的角度出发,酌定相对方补偿受害者,但这类裁判在效果上往往存在较大争议。本案旗帜鲜明地宣示,公平责任不应成为“和稀泥”的法律依据,任何人都不能将自身应承担的风险转嫁他人,不是所有损害都应由他人来赔偿填补,损害发生如果不具有法定原因，不能要求他人承担侵权赔偿责任。本案从平衡权益保护和行为自由的角度，重申了杜绝结果责任主义的价值导向，符合民法典有关公平责任的规定精神。本案二审庭审经中央电视台等40余家媒体、平台直播，1300万网友在线观看，得到广大媒体和社会公众的广泛关注。人民法院通过本案裁判，大力弘扬社会主义核心价值观，引导公众采取合法、适度的方式维护自身合法权益，引领了诚信、友善、文明的社会风尚。

六、王某与某贸易公司跨境股权转让纠纷案

（一）基本案情

2016年3月，为拓展境外钢材市场，案外人蒋某等人在中国境内设立某贸易公司，以该贸易公司名义在埃塞俄比亚投资设立某钢铁公司，并已取得境外投资审批。鉴于埃塞俄比亚给予在该国公司持股的外国自然人免于办理签证的便利，贸易公司投资人与在当地负责经营管理的王某约定：钢铁公司名义上由王某与贸易公司共同作为登记注册的股东，但实际上全部股权均属于贸易公司所有；王某同意为贸易公司代持钢铁公司的股权，如贸易公司决定更换代持人，其将无条件配合办理变更登记手续；各方就协议项下的权利义务关系约定适用中国法律。2019年2月，贸易公司董事会决定将名义股东王某的代持股份全部变更至贸易公司名下，但王某收到通知后未配合办理股东变更授权公证手续，故贸易公司起诉要求王某无偿转让其享有的钢铁公司股份并配合办理股权变更登记手续。

（二）裁判结果

张家港市人民法院于2020年12月10日作出（2020）苏0582民初9370号民事判决，判决被告王某将其名下持有的钢铁公司股份无偿转让给原告贸易公司，并办理相应的股份变更登记手续。一审宣判后，王某不服，向苏州市中级人民法院提起上诉。

苏州市中级人民法院二审认为，就王某与贸易公司是否存在股权代持合意的问题，双方在书面合同中约定适用中国法律，符合《中华人民共和国涉外民事关系法律适用法》第四十一条的规定，故适用《最高人民法院关于适用〈中华人民共和国公司法〉若干问题的规定（三）》第二十四条的规定，认定王某与贸易公司之间对钢铁公司的股权存在代持合意，其应当按照约定返还股权。但是贸易公司要求王某配合变更股权登记的诉讼请求，涉及公司股东变更，依照《中华人民共和国涉外民事关系法律适用法》第十四条规定，应当适用钢铁公司登记地的埃塞俄比亚法律。苏州市中级人民法院遂委托苏州国际商事法庭专家委员会专家，对本案所涉埃塞俄比亚法律进行查询并出具咨询意见，在查清《埃塞俄比亚1960年商法典》规定的基础上，二审法院认定，一审判决王某无偿转让其代持股份并办理股份变更登记，符合埃塞俄比亚的相关法律规定。据此，苏州市中

级人民法院于2021年6月23日作出(2021)苏05民终2105号民事判决:驳回上诉,维持原判。

本案二审判决作出后,贸易公司即将生效判决进行公证和认证,并将股东会决议等申请文件一并提交埃塞俄比亚投资局。2021年8月,埃塞俄比亚投资局接受贸易公司的申请,将王某在钢铁公司的股权变更登记至贸易公司名下。

(三)典型意义

外国法查明难、适用难问题,是长期困扰涉外商事审判工作的痛点难点,这一问题在涉跨境投资领域的纠纷中尤为突出。准确查明并正确适用外国法,对于推进涉外法治工作,切实保障我国投资人海外合法权益,促进涉外商事纠纷妥善化解具有重要意义。本案中,苏州国际商事法庭在判定案件审理需要同时适用我国及埃塞俄比亚相关法律规定的基础上,充分发挥专家委员会的智力支持作用,委托涉外商事领域专家对本案所涉埃塞俄比亚有关法律规定进行查明,正确解读待用条款与其他相关法律规定之间的关系,充分阐释条款适用于本案的原因,并以此为依据作出裁判,有力维护了国内投资者在国外的合法投资权益。埃塞俄比亚是"一带一路"沿线重要国家,本案裁判结果得到埃塞俄比亚行政部门的直接认可和执行,不仅对于推动两国司法互信具有重要意义,更是国际司法协助实践领域的一项突破,是人民法院充分发挥审判职能作用,服务共建"一带一路"高质量发展的生动实践。

七、拉扎斯公司诉三快科技公司等不正当竞争纠纷案

(一)基本案情

2017年9月20日,淮安市清江浦区市场监督管理局接举报反映,北京三快科技有限公司(以下简称三快科技公司)运营的"美团"外卖平台在经营过程中有不正当竞争行为,该局随即展开调查。经调查发现,三快科技公司淮安分公司告知部分同时在"美团"和"饿了么"外卖经营的商家,必须与"美团"进行独家合作,否则网店就可能被关停;与商家协商未果后,"美团"便在用餐高峰期停止显示该部分商家,并通过调高起送金额、配送费用、平台提成等手段逼迫商家与"美团"进行独家合作,导致商家只能放弃与其他平台的合作。根据调查情况,淮安市清江浦区市场监督管理局对三快科技公司淮安分公司作出行政处罚,要求该公司立即停止违法行为,并处罚款7万元。上海拉扎斯信息科技有限公司(以下简称拉扎斯公司)作为"饿了么"平台的运营商,以三快科技公司、北京三快在线科技有限公司(为"美团"平台提供技术支持,以下简称三快在线公司)为被告,向淮安市中级人民法院提起诉讼,请求判令两被告停止实施强迫商户独家合作的不正当竞争行为,并赔礼道歉、消除影响,赔偿经济损失106万元。

(二)裁判结果

淮安市中级人民法院一审认为,三快

科技公司淮安分公司以调高费率、置休服务、设置不合理交易条件等手段，限制、阻碍商户与“饿了么”平台进行合作，构成不正当竞争，因分公司已被注销，法院在综合考虑侵权行为发生的范围、持续时间及侵权人主观过错等因素的基础上，于2021年3月15日作出(2019)苏08民初309号民事判决，判令三快科技公司赔偿原告拉扎斯公司经济损失合计352243.5元，并驳回了原告的其他诉讼请求。拉扎斯公司、三快科技公司不服一审判决，向江苏省高级人民法院提起上诉。

江苏省高级人民法院经审理认为，三快在线公司作为平台技术支持的主体，实施了调高费率、置休服务等技术操作，应认定该公司与三快科技公司共同实施了不正当竞争行为，应当承担连带赔偿责任，江苏省高级人民法院于2021年8月12日作出(2021)苏民终1545号民事判决，判令三快科技公司、三快在线公司连带赔偿拉扎斯公司经济损失合计352243.5元。

（三）典型意义

对电子支付、外卖、网约车等新业态、新模式下的企业而言，找准市场需求、不断优化产品，尊重用户选择权、提升用户体验感才是增强企业竞争力的核心手段。使用限制竞争、妨碍其他经营者提供产品等不正当手段不仅会破坏平等、公平的市场竞争秩序，还会导致企业从注重技术进步和商业模式创新转变为注重争夺市场资源，从而削弱了平台经济的创新动力和发展活力。《中华人民共和国反不正当竞争法》2017年修订时新增了“互联网专条”，对于互联网领域特有的、利用技术手段进行的不正当竞争行为进行了规制。但由于科技的迅猛发展，不正当竞争的手段也在不断发生变化。本案是江苏省第一起涉及外卖平台“二选一”不正当竞争行为的民事纠纷案件，被告行为直接指向商户与其他平台的正常合作，系对其他经营者核心竞争资源的不当剥夺和基础竞争力的破坏，构成不正当竞争。该案是江苏法院维护公平竞争市场秩序、用法治打破行业垄断的典型案例，对于推动平台经济规范化运行，打造公平竞争的营商环境，促进数字经济高质量发展具有重要意义。

八、倪某某诉区政府要求撤销加装电梯项目确认书案

（一）基本案情

2018年7月18日，常州某小区A幢B单元王某等七户业主提出共同出资加装电梯的申请。该加装电梯项目在最初征求业主意见时，该单元12户业主（包括本案原告、一楼住户倪某某）均签字确认同意。2019年5月1日，区政府颁发了加装电梯项目确认书，认为该项目符合条件，同时对于项目中的建设主体、承包、施工单位及其负责人等事项予以明确。倪某某在项目批准后，考虑到加装电梯影响自身采光、房屋安全等权益，向常州市中级人民法院提起行政诉讼，认为加装电梯项目不符合相关条件和程序，区政府的行政行为违法，请求

法院判令撤销区政府颁发的加装电梯项目确认书。

（二）裁判结果

常州市中级人民法院一审认为，区政府作出的加装电梯项目确认书符合法律规定，并据此驳回了原告倪某某的诉讼请求。一审宣判后，倪某某不服提出上诉。

江苏省高级人民法院二审认为，倪某某作为一楼业主，在被诉行政行为不存在违法的情况下，其合法权益仍应得到保障，在加装电梯以及电梯运营过程中如出现侵害其权利的情形，倪某某可依法予以主张。常州市人民政府于2021年8月颁布了《常州市既有住宅加装电梯实施办法》，对于加装电梯项目，行政机关也在逐步完善政策，尽量平衡、兼顾高楼层业主和低楼层业主的利益诉求，公平对待全体业主。本案中，区政府作出加装电梯项目确认书的行为符合法律规定，一审法院认定事实清楚，适用法律正确，审判程序合法，倪某某的上诉理由和请求不能成立。据此，江苏省高级人民法院于2021年10月15日作出（2020）苏行终1472号行政判决：驳回上诉，维持原判。

（三）典型意义

随着老龄化社会的到来，老旧小区中加装电梯需求凸显，加装电梯给高楼层业主带来便利的同时，可能会对低楼层业主造成采光、噪音等方面的困扰，本案即是因此引发的行政纠纷。案件审理过程中，人民法院严格依照现行法律规定审查涉案行政行为并确认其合法性，同时兼顾利益平衡原则，充分关注低楼层业主的合法权益保障问题：一方面坚持弘扬和谐、友善的社会主义核心价值观，积极倡导当事人按照有利生产、方便生活、团结互助、公平合理的原则，正确处理相邻关系；另一方面引导行政机关在工作中秉持共享理念，通过实地调查走访和积极沟通，促成了当地政府逐步完善加装电梯相关配套政策，为后续实质性化解纠纷贡献了司法智慧和力量。本案是司法发挥裁判指引作用，弘扬社会主义核心价值观、助力民生保障和城市精细化管理全面提升的有力体现。

九、自然之友环境研究所诉大吉公司大气污染民事公益诉讼案

（一）基本案情

2014年，国家颁布新规，对垃圾焚烧发电项目自2016年1月1日起执行更为严格的排放标准。江苏大吉发电有限公司（以下简称大吉公司）系盐城市区唯一的生活垃圾焚烧发电企业，在新规为企业预留的18个月缓冲期内，大吉公司未及时开展焚烧炉技术改造工作，导致新标准实施后二氧化硫、氮氧化物、颗粒物等大气污染物排放超标。由于大吉公司生产经营业务涉及重大社会公共利益，环保监管行政机关多次对其处以罚款，但未实施停产整治等强制措施。北京市朝阳区自然之友环境研究所（以下简称自然之友环境研究所）是一家非营利性民间环保组织。2018年1月，自然之友环境研究所获悉上述情况后，认为大吉公司至诉前拒不改正超标排放行为，给生态环境带来持续性损害，遂向盐城市中级人民法院提起环境民事公益诉讼，请求判令大吉公司赔偿生态损害修复费用。

大吉公司辩称，因在此期间与政府磋商企业整体搬迁事宜，为降低企业运营成本并节约政府对企业搬迁的补偿成本，公司未对即将搬迁的设备进行技术改造，超标排放存在客观原因；企业搬迁后经技术改造的设备已经完全满足新排放标准，请求参照2014年的泰州环保联合会诉常隆公司等六企业环境民事公益诉讼案，以技术改造费用抵扣生态修复费用。

（二）裁判结果

盐城市中级人民法院一审认为，大吉公司长期超标排放造成大气污染，损害公共环境利益，应当承担侵权责任，其既不能以主观无过错为由要求减免侵权责任，也不能以停产技改、整体搬迁费用支出为由要求抵扣生态修复费用。盐城市中级人民法院据此作出一审判决，判令大吉公司赔偿大气环境治理费用5561511.93元用于盐城市大气环境修复治理，在江苏省级媒体上向社会公开赔礼道歉，并支付鉴定费、律师费等费用。大吉公司不服，提起上诉。

江苏省高级人民法院二审认为，大吉公司在新规预留的充裕时间内未完成技术改造，导致大量污染物被违法排放，使公共利益受损，其真正原因是为了经济利益而牺牲社会公众的环境利益，主观上存在过错。常隆公司案中，抵扣条件是当事人技术改造投入实现循环利用，而循环利用并不是法律对当事人的强制性要求，只是法律与政策鼓励的环境保护方式；本案中，大吉公司技改投入是为了本企业大气污染物达到合规排放所必须支付的企业成本，而合规排放本就是大吉公司不可违反的法定义务，因此，本案并不具备抵扣的适用条件。据此，江苏省高级人民法院于2021年1月7日作出（2020）苏民终158号民事判决，驳回大吉公司的上诉，维持原判。

（三）典型意义

生态环境是人类赖以生存发展的前提和基础。本案中，人民法院严格掌握生态修复责任的违法性构成要件，对涉案垃圾焚烧发电项目向大气超标排放污染物的行为，以最严格的标准认定污染企业的损害赔偿责任，督促排污企业全面履行环境保护的法定义务，体现了人民法院严格保护生态环境的鲜明态度。本案还采用类案比较方式阐明了适用技改抵扣裁判执行方式的正向与反向条件，引导、鼓励企业自觉采取措施加大技改投入，节能减排，降低环境风险。此外，在本案处理过程中，人民法院采取积极措施，推动排污企业产业结构和生产方式的优化升级，多次联合生态环境主管部门进行实地勘察，及时掌握垃圾焚烧炉的技改情况；主动与当地党委政府沟通协作，加快排污企业整体搬迁进程，涉案垃圾焚烧发电项目在一审判决前迁至盐城静脉产业园，大吉公司运用先进技术确保污染物达标排放，最终完成了新旧产能更新换代，较好地践行了经济发展与环境保护协同共生的新发展路径，积极回应了人民群众对优美生态环境的迫切需求。

十、“高诚5”轮诉前扣押案

（一）基本案情

“高诚5”（GAO CHENG 5）轮系中国香港籍危化品船舶，因船东拖欠某金融控股公司4558万元借款，该公司向南京海事法院提出诉前扣押船舶申请。“高诚5”轮在江苏靖江港某公司码头被依法扣押时，船上共有船员19人，含外籍船员（缅甸籍）5人，同时该船装载有1600余吨危化品乙酸仲丁酯（SBAC），该类化学品具有易燃特性。后因双方就款项支付迟迟未达成一致意见，该轮一直被扣押于靖江港。因靖江港区域并无长江航道所涉化学品船舶停泊锚地资质，且靖江港扣押地不具备就地卸货的客观条件，在船舱内长期储存该类危化品货物对该船及船上人员、靠泊港口航道甚至长江水域环境均有重大风险。

（二）处理结果

为化解船舶长时间装载危化品产生的重大安全隐患，南京海事法院积极与扣船申请人、船东、船载危化品的货主、码头公司、洗舱公司、边检、海关等部门协调，迅速制订移泊计划，顺利完成了“高诚5”轮先至常熟港某码头公司卸货、洗舱，后移泊至太仓港危险品锚地码头公司的工作。在实施移泊、卸货及洗舱的过程中，法院密切关注船上船员的生活情况，及时与船舶代理、海事部门协调保障船上生活物资供应。在太仓港危险品锚地锚泊后，该轮又面临冬季大风多发情况下的走锚失控风险。为保障船舶安全，南京海事法院积极协同江苏海事局、太仓海事局等部门，在船东及船员的配合下，及时安排拖轮驻守，防止船舶走锚。临近春节，船东的欠薪让船员们焦躁不安，法院积极安抚船员情绪并与船东、船舶代理、船员派遣公司及扣船申请人协商给薪方案，经多次沟通，最终扣船申请人表示愿意向船员支付部分工资以继续实现船舶看管。至此，扣押“高诚5”轮带来的各类风险均得以有效化解。

（三）典型意义

长江是中华民族的母亲河，是我国重要战略水源地、生态宝库和黄金水道。本案中，外轮长期扣押，装载的危化品对长江水域生态安全和环境保护造成了直接威胁。南京海事法院充分发挥江苏海事司法与行政执法“1+10”协作机制，积极争取海事、卫健、外办等部门支持，在当事人、协助义务单位等多方协作下，及时采取安全管理和应急处置措施，最终消除了船载危化品险情带来的重大隐患。该案为人民法院防范化解类似风险提供了有益示范，在积极践行善意文明司法理念，依法保障人民群众生命财产安全、预防安全生产事故发生的同时，也有效保护了长江水域安全，是人民法院为长江大保护提供司法服务、保障长江流域绿色发展的具体实践。

潘鹤平危险作业案

(2021)参阅案例21号

【裁判摘要】

未依法取得从事汽油储存、经营的合法资质和行政许可，在不具备相应生产、作业条件的情况下进行加油作业，属于刑法第一百三十四条之一规定的擅自从事危险物品生产、经营、储存等高度危险的生产作业活动。被告人在加油作业过程中违反有关安全管理的规定导致火灾，虽因消防救援及时并未造成严重后果，但其行为“具有发生重大伤亡事故或者其他严重后果的现实危险”，应以危险作业罪定罪处罚。

【相关法条】

1.《中华人民共和国刑法》第一百三十四条之一　在生产、作业中违反有关安全管理的规定，有下列情形之一，具有发生重大伤亡事故或者其他严重后果的现实危险的，处一年以下有期徒刑、拘役或者管制：

（一）关闭、破坏直接关系生产安全的监控、报警、防护、救生设备、设施，或者篡改、隐瞒、销毁其相关数据、信息的；

（二）因存在重大事故隐患被依法责令停产停业、停止施工、停止使用有关设备、设施、场所或者立即采取排除危险的整改措施，而拒不执行的；

（三）涉及安全生产的事项未经依法批准或者许可，擅自从事矿山开采、金属冶炼、建筑施工，以及危险物品生产、经营、储存等高度危险的生产作业活动的。

2.《危险化学品安全管理条例》第三十三条第一款　国家对危险化学品经营（包括仓储经营，下同）实行许可制度。未经许可，任何单位和个人不得经营危险化学品。

【点评】

安全生产事关人民群众生命财产安全。随着我国工业化、城镇化的持续推进与社会生产经营规模的不断扩大，由于安全生产基础薄弱、监管体制机制不完善、企业主体责任落实不力等因素，生产领域各类事故隐患和安全风险仍然交织叠加，生产安全事故易发多发、重特大安全事故频发的势头仍需进一步有效遏制。在此背景下，通过监管关口前移实现减少事故隐患，已成为各方共识。据此，《中华人民共和国刑法修正案(十一)》适当前移刑事处罚阶段，增设危险作业罪，将在生产、作业中违反有关安全管理规定，虽未实际造成严重后果，但具有发生严重后果现实危险的三类行为规定为犯罪。本案中，被告人利用改装的面包车非法实施流动加油作业，甚至引发火灾，因消防救援及时，最终没有发生重大伤亡事故或其他严重后果，但是，这充分证明其行为具有现实危险性，应当以危险作业罪追究刑事责任。本案判决准确理解和适用了危险作业罪的规定，为该罪中"现实危险"的认定提供了思路，对于加大生产安全监管力度，切实保护人民群众生命财产安全，具有重要的现实意义。

公诉机关：南通市崇川区人民检察院。

被告人：潘鹤平，男，51岁，住南通市崇川区。曾因非法储存、运输汽油，于2021年1月18日被行政拘留十日。因本案于2021年4月15日被公安机关取保候审，2021年4月29日被刑事拘留，2021年6月2日被逮捕，2021年7月8日被南通市崇川区人民检察院变更为取保候审。

南通市崇川区人民检察院以被告人潘鹤平犯危险作业罪，向南通市崇川区人民法院提起公诉。

公诉机关指控称：截至2021年4月，被告人潘鹤平在未经批准或许可的情况下，利用擅自改装的汽车，采用外置电瓶搭电驱动油泵的方式为他人加油作业，共计销售汽油6000余升。2021年4月27日15时许，被告人潘鹤平在加油作业时致改装面包车起火，造成被告人自身烧伤，附近汽车等财产受损。公诉机关认为，被告人潘鹤平的行为已触犯《中华人民共和国刑法》第一百三十四条之一的规定，应当以危险作业罪追究其刑事责任。被告人潘鹤平到案后能如实供述自己的罪行，可以从轻处罚；其自愿认罪认罚，可以依法从宽处理。

被告人潘鹤平自愿认罪认罚，其辩护人提出：潘鹤平已经对被害人积极赔偿，并取得被害人的谅解，其家庭困难，妻子去世，儿子车祸住院，儿媳即将生产，建议对其从轻处罚并适用缓刑。

南通市崇川区人民法院经审理查明：

2020年5月至2021年4月，被告人潘鹤平在未经有关部门批准和未取得危险化学品经营许可证的情况下，利用擅自改装的装有塑料油桶的苏F××××5号金杯面包车、苏E××××Y号金杯面包车、装有不锈钢油桶的苏F××××6号东风汽车，先后在南通市崇川区钟秀西路南通大众燃气有限公司原办公经营地址附近空地、南通市崇川区城闸大桥停车场附近等地，采用外置电瓶搭电驱动油泵的方式为他人加油作业，共计销售汽油6000余升。经鉴定，被告人潘鹤平销售的汽油符合汽油的指标特征，为汽油类产品，硫含量不合格。

2021年4月14日，被告人潘鹤平被公安机关抓获归案，后于次日被取保候审。2021年4月22日，被告人潘鹤平将存储有汽油的苏E××××Y号改装面包车，停放至南通市崇川区阳光花园和黎明花园之间的大码头巷路北侧，距阳光花园5幢楼约4米，距路南侧停车位北边沿线约4.1米。2021年4月27日15时许，被告人潘鹤平经事先与仵某某联系后至上述苏E××××Y号改装面包车停放处，从苏E××××Y号改装面包车中取出装有十余升汽油的塑料油桶为仵某某驾驶前来的汽车加油。加完油以后，被告人潘鹤平为再次作业而采用电瓶为油泵搭电，过程中导致苏E××××Y号改装面包车起火。火灾造成被告人潘鹤平双下肢烧伤，停在附近的苏F××××V号汽车、苏F××××R号汽车、苏F××××B号汽车和一辆电动自行车受损，临近的南通市崇川区阳光花园5幢A室两台空调外机受损。后因消防救援及时，才未酿成严重后果。

经南通市崇川区消防救援大队认定，该起火灾的起火原因为苏E××××Y号汽车改造的加油车厢内汽油蒸气遇电火花爆燃引发成灾。经南通市价格认定中心认定，被毁坏的三辆汽车损失总计价值人民币26734元。案发后，被告人潘鹤平主动赔偿经济损失，并取得了所有被害人的谅解。

案发后，公安机关从被告人潘鹤平处扣押到作案工具汽车苏F××××6、加油设备一套、手机两部。

南通市崇川区人民法院经审理认为，根据《中华人民共和国刑法》第一百三十四条之一第三项的规定，涉及安全生产的事项未经依法批准或者许可，擅自从事矿山开采、金属冶炼、建筑施工，以及危险物品生产、经营、储存等高度危险的生产作业活动，具有发生重大伤亡事故或者其他严重后果的现实危险的，构成危险作业罪。

汽油属于《危险化学品目录》所列危险化学品。《重点监管的危险化学品名录》附录中明确：汽油高度易燃、蒸气遇空气能形成爆炸混合物，遇明火、高热能引起燃烧爆炸。高速冲击、流动、激荡后可因静电火花放电引起燃烧爆炸。操作人员必须经过专门培训，操作时穿防静电工作服，戴耐油橡胶手套。附近严禁烟火。汽油储存于阴凉、通风的库房。远离火种、热源。用储罐、铁桶等容器盛装,不要用塑料桶来存放汽油。

本案中,被告人潘鹤平无从事汽油经营、储存的资质和条件,但其通过改装汽车违规装载汽油,采用外置电瓶搭电驱动油泵的方式,多次在车流量较大或人口相对集中的场所,违法从事汽油的经营、储存。火灾现场位于两个居民小区中间的小路,因消防在起火后马上赶到现场才未造成严重后果,因此其行为具有发生重大伤亡事故或者其他严重后果的现实危险。

综上,被告人潘鹤平未经国家有关部门的许可,擅自从事危险物品的经营、存储,其行为对其本人和其他不特定社会公众的人身和财产安全产生威胁,具有发生重大伤亡事故或者其他严重后果的现实危险,应当以危险作业罪追究其刑事责任。公诉机关指控的罪名成立,法院予以采纳。

被告人潘鹤平到案后均能如实供述自己的罪行,可以从轻处罚;其承认指控的犯罪事实并愿意接受处罚,依法从宽处理;其有劣迹,酌情从重处罚;其积极赔偿被害人的经济损失并取得谅解,酌情从轻处罚;法院综合考虑犯罪情节、悔罪表现等因素,对被告人潘鹤平适用缓刑。辩护人的辩护意见,予以采纳。

综上,南通市崇川区人民法院依照《中华人民共和国刑法》第一百三十四条之一第三项、第六十七条第三款、第七十二条第一款、第六十四条以及《中华人民共和国刑事诉讼法》第十五条的规定,于2021年9月9日作出(2021)苏0602刑初849号判决:

一、被告人潘鹤平犯危险作业罪,判处有期徒刑六个月缓刑一年。

二、扣押在案的作案工具汽车一辆、加油设备一套、手机二部予以没收。

一审宣判后,被告人未上诉,检察机关未提出抗诉,一审判决已经发生法律效力。

案例报送单位:南通市崇川区人民法院
一审合议庭成员:邓小燕、王　冯、李小敏
报送人:王　冯
审稿人:戴鲁霖

圣欢欢诉江苏物美同城网络科技有限公司确认劳动关系纠纷案

（2021）参阅案例22号

【裁判摘要】

认定新就业形态劳动者与互联网企业之间是否存在劳动关系，应审查劳动者工作内容是否系该企业主营业务范围、劳动者是否接受企业日常管理、企业是否向劳动者支付劳动报酬等因素。互联网企业引导劳动者注册成为个体工商户，以建立所谓平等主体之间合作关系的形式规避企业用工主体责任的，人民法院不予支持。

【相关法条】

1.《中华人民共和国劳动合同法》第七条　用人单位自用工之日起即与劳动者建立劳动关系。用人单位应当建立职工名册备查。

2.《最高人民法院关于审理劳动争议案件适用法律若干问题的解释》第一条　劳动者与用人单位之间发生的下列纠纷，属于《劳动法》第二条规定的劳动争议，当事人不服劳动争议仲裁委员会作出的裁决，依法向人民法院起诉的，人民法院应当受理：

（一）劳动者与用人单位在履行劳动合同过程中发生的纠纷；

（二）劳动者与用人单位之间没有订立书面劳动合同，但已形成劳动关系后发生的纠纷；

…………

【点评】

近年来，网络平台灵活用工兴起，在带来工作机会的同时也暗藏着法律风险。部分网络平台通过将劳动关系多重分化、使劳动者找不到确定的用人单位等方式，来避税、避社保，试图达到转嫁风险的目的。在此背景下，人民法院在认定双方是否构成劳动关系时，应始终紧扣从属性这一劳动关系的本质特征。本案中，被告企业就是通过复杂的法律关系架构，引导原告骑手签订协议注册个体工商户，将骑手变成了自己的“合作伙伴”，但法院从骑手的入职方式、日常管理、接单方式、薪资构成等方面进行分析，认为骑手与企业之间符合劳动关系的从属性特征，从而认定双方之间存在劳动关系。对原告骑手、被告企业、第三方合作企业之间的一系列协议，法院认定是被告企业为了规避用人单位责任，在骑手不清楚法律后果的情况下引导其签订，不能反映骑手的真实意思表示，给予了否定性评价。本案判决就如何准确认定新就业形态劳动者与网络平台之间的关系提供了解决路径，切实维护了劳动者的合法权益，对于促进平台经济规范健康持续发展也具有积极作用。

原告：圣欢欢，男，24岁，汉族，住安徽省淮南市潘集区。

被告：江苏物美同城网络科技有限公司，住所地江苏省淮安市洪泽区。

第三人：江苏诚淮企业管理有限公司，住所地江苏省淮安市涟水县朱码产业园。

原告圣欢欢因与被告江苏物美同城网络科技有限公司（以下简称物美同城公司）、第三人江苏诚淮企业管理有限公司（以下简称诚淮公司）确认劳动关系纠纷一案，诉至苏州市虎丘区人民法院。

原告圣欢欢诉称：原告自2019年4月25日进入被告处工作，具体工作内容为送外卖，每天早上须进行早会安全教育，有明确的上下班及考勤要求，工作时间为上午7时到凌晨12时，工资通过诚淮公司对公账户发放给原告，发工资时间为每月25日。原告于2019年8月24日22时，在派送订单时发生交通事故受伤严重，但是被告拒不配合办理工伤申报，且不承认存在事实劳动关系。原告于2020年9月15日向苏州市虎丘区劳动争议仲裁委员会申请确认劳动关系遭到驳回。请求法院判令：依法确认原告与被告自2019年4月25日至2019年8月24日期间存在事实劳动关系。

被告物美同城公司辩称，原告不是被告的员工，仲裁裁决书裁决正确，请求法院依法驳回原告诉讼请求。

第三人诚淮公司述称，原告并非我方员工，双方不存在劳动关系。原告委托我方代为注册个体工商户身份，被告将业务发包至我方平台后，我方将业务转包给原告，最后由被告委托我方向原告经营的个体工商户结算承包费用，而非发放工资，原告与我方之间只是合作关系。我方在苏州未设站点，原告并非我方招聘的员工，我方也未对原告进行考勤和管理，对原告没有任何约束，与原告之间不存在劳动关系。

苏州市虎丘区人民法院经审理查明：

被告物美同城公司成立于2017年7月7日，经营范围为互联网技术开发、人工送货服务等。被告曾承包“饿了么”平台苏州市虎丘区浒墅关片区的外卖配送服务。2019年4月25日，原告圣欢欢通过下载蜂鸟团队版App，注册成为“饿了么”平台浒墅关片区外卖员，在注册骑手时，原告进行了人脸识别，根据提示讲出“我要成为个体工商户”，之后原告开始外卖配送，被告为原告购买了“饿了么”物流配送合作商雇主责任险。

2019年5月30日，被告物美同城公司(甲方)与第三人诚淮公司(乙方)签订《平台服务协议》，约定甲方委托乙方通过“订个活”平台提供市场推广服务，协议第四条约定，甲方自行承担因发布项目活动或委托乙方提供服务内容所涉及交易产生的相关费用，包括任务佣金、平台管理费、增值税等相关费用。第五条约定，甲方将发布的项目转包给乙方，乙方承接项目订单后可以另行与接活方签署项目转包协议。接活方在执行任务期间受到或对任何第三方造成人身、财产伤害，甲方应自行承担后果，不得要求乙方承担侵权等赔偿责任。第六条约定，甲方应事先将当期足额的预存款存入“订个活”平台甲方账户中，每月双方对上个自然月接活方的名单、任务佣金费用、平台服务费用等进行核对，甲方向乙方支付相应的费用，“订个活”平台根据项目交易情况将相应金额从甲方账户划至接活方账户。

2019年6月10日，原告圣欢欢与第三人诚淮公司完成《个人工作室注册协议》电子签章，协议内容为原告委托第三人代办创业主体身份(注册个体工商户、年检、注销等事宜)，诚淮公司取得原告个体工商户营业执照后，原告自愿使用“订个活”平台作为创业管理工具。同日，涟水县朱码镇壹壹肆零壹号订个活商务服务工作室(乙方，经营者为圣欢欢)与第三人诚淮公司(甲方)完成《项目转包协议》电子签章，约定甲乙双方系独立的民事承包关系，乙方不接受甲方的任何管理，甲方也不向乙方支付工资而是支付承包费用。乙方独立承包甲方的配送服务业务，委托承包事项自2019年6月10日起，至甲方承接的相关业务完成之日终止。乙方应独立自主完成承揽业务，并承担承揽过程中所可能产生的一切风险和责任；甲方按月将服务费结算到乙方或乙方合伙承包人指定的平台账户或银行账户中，视同支付至乙方个体工商户对公账户，乙方开具等额的发票给甲方。2019年6月13日，涟水县朱码镇壹壹肆零壹号订个活商务服务工作室成立，登记的经营者为原告圣欢欢，经营范围市场营销策划、市场推广服务、展览展示服务。

2019年8月24日22时，原告在外卖配送过程中行驶至浒墅关镇兴贤路附近发生交通事故，后原、被告因申报工伤事宜发生争议，原告向苏州市虎丘区劳动争议仲裁委员会申请劳动仲裁，请求确认原、被告自2019年4月25日至8月24日存在劳动关系。2020年9月25日，苏州市虎丘区劳动争议仲裁委员会作出苏虎劳仲案字〔2020〕1486 号仲裁裁决书，裁定对原告的仲裁请求不予支持。

又查明，2019 年 6 月至 9 月，原告分别收到薪资 5035.5 元、6270.5 元、5807.7 元、6305.8 元。其中，6 月、7 月、8 月的薪资为第三人诚淮公司发放，9 月的薪资为案外人华夏外包服务（辽宁）有限公司沈阳分公司发放。2019 年 6 月至 9 月，原告蜂鸟 App 中的薪资账单截图页面均显示有“江苏物美同城网络科技有限公司—江苏物美—浒关站薪资规则说明”字样，原告的薪资构成包括底薪提成、补贴奖励、骑手活动奖励三部分，底薪均为 0 元。

庭审中，关于自己的工作方式，原告表示其是通过蜂鸟团队版 App 接单，注册时要先考试，考试合格后开始送单。送单时等待系统配单，接单后使用自有车辆进行配送，其受被告管理，每天上午 7 时到 8 时上班，具体下班时间要看平台接单量，没有固定时间。被告有考勤要求，每天早上须进行早会，若请假会扣除相应奖励。原告工资由被告通过第三人每月 25 日发放给原告。原告为证明自己的上述主张，申请付某某作为证人出庭作证，付某某陈述，其是“饿了么”平台浒墅关片区的调度员，和原告是同事关系。平常就直接用 App 接单工作，也可以休息，公司没有特别明确规定几点去单位，有说过如果请假会罚款，但没有实行过。工资没有底薪，按单算，平均一单 5 元钱，每天至少要接 10 单，否则就没有全勤奖。证人称自己不知道自己和原告隶属于哪个公司，平时工作受物美同城公司经理李某管理。对此，被告物美同城公司陈述付某某是其员工，负责订单调度，公司具体运营模式是从“饿了么”平台承包外卖配送业务后，将该业务分包给第三人诚淮公司，公司主要负责订单的调配，安排李某负责浒墅关片区的监管。诚淮公司负责员工管理、工资发放等。

案件审理过程中，法院通过“饿了么”平台苏州地区运营商上海拉扎斯信息科技有限公司苏州分公司（以下简称拉扎斯公司）了解到原告担任“饿了么”骑手的相关信息，拉扎斯公司向法院提供了圣欢欢在“饿了么”平台的后台登记信息截屏，截屏显示圣欢欢于 2019 年 4 月 25 日注册成为蜂鸟团队骑手，解绑后又于 2020 年 12 月 17 日再次注册成为蜂鸟众包骑手。法院向拉扎斯公司调查蜂鸟团队骑手与众包骑手的工作模式区别，拉扎斯公司表示，第一，在注册方式上，蜂鸟团队的 App 不对公众开放，专送骑手必须通过站点才能拿到 App 进行下载注册，而蜂鸟众包 App 则对大众开放，只要上网就可下载进行注册；第二，在派单方式上，平台根据骑手定位向专送骑手派单，骑手不可以不接单，如果确有特殊情况不能接单，需要向所属站点申请订单调配，而众包骑手的订单是在“饿了么”平台入驻的商家自己发送的订单，众包骑手根据自身情况决定是否抢单；第三，在对骑手的管理上，专送骑手有专门所属的站点，受站点的管理，站长有权决定订单的调配，也有权决定骑手排班，一旦排班确定,骑手需按时上线接单,而众包骑手不属于任何站点,其自己注册后在平台接单,无须订单调配,也没有班次,可以随时上线或下线;第四,在薪资构成及结算上,专送骑手的薪资包括订单提成、骑手补贴及其他补贴等,而众包骑手的收入则几乎全部来源于订单收入。

苏州市虎丘区人民法院一审审理认为:

用人单位未与劳动者订立书面劳动合同时,认定劳动者与用人单位之间是否存在劳动关系,主要根据劳动者工作内容是否属于用人单位主营业务范围、是否接受用人单位日常管理、是否接受劳动报酬等因素来确定。本案中,原告圣欢欢于2019年4月25日注册成为蜂鸟团队专送骑手,隶属于被告承包的"饿了么"浒墅关片区站点,与被告之间存在劳动关系。

首先,原告从事的外卖派送服务属于被告物美同城公司的主营业务,事故发生地也属于被告的承包区域。其次,原告注册成为团队骑手需通过站点才能完成,注册后,原告通过平台App接单,根据劳动表现获取薪酬,对于平台派发的订单,原告不得拒绝,若有特殊情况不能接单,需要向被告申请订单调配。虽对于上线时间是否有要求原被告存在争议,但被告在站点安排专人进行监管,为原告购买雇主责任险是事实。另外,结合证人证言可以认定,原告平时工作受被告站点管理,被告也确实制定了一定的考勤规则。由此可见,被告物美同城公司对原告圣欢欢进行了日常管理。最后,从第三人提交的《平台服务协议》结合拉扎斯公司的说明可以看出,原告的薪资来源于被告,薪资规则由被告制定,发放金额需被告确定,虽将薪资发放这一操作委托给了第三人,但实际仍是由被告与原告结算薪资,这也与原告骑手App中薪资账单截图中的薪资规则说明相互印证。

对于《平台分包协议》《项目转包协议》《个人工作室注册协议》的性质,法院认为:首先,《项目转包协议》《个人工作室注册协议》均为打印件,其上只有电子签章,仅凭原告人脸识别时的一句"我要成为个体工商户",不能认定原告已经知晓法律后果并同意协议内容,且原告在苏州从事外卖服务,到淮安成立个体工商户,不具有合理性。被告利用虚拟软件平台,引导原告通过签订电子格式合同的方式注册成为个体工商户,以建立所谓平等主体之间合作关系的形式规避用人单位责任,无法认定原告具有以个体工商户身份从事外卖业务的真实意愿。其次,从《平台服务协议》的内容来看,被告将外卖业务转包给了第三人,通过第三人的"订个活"平台开展市场推广、发布外卖任务并委托第三人进行薪资发放。但实际上原告是通过蜂鸟平台接单进行外卖配送,被告也是通过平台派单并进行工资结算,第三人为原告注册的个体工商户甚至并不具有配送服务的经营范围,因此《平台服务协议》并未实际得到履行。最后,从被告与第三人签订的《平台服务协议》可以看出,接活方即原告与被告之间联系的紧密性明显超过与第三人的联系。结合证人证言，像原告这样的骑手及调度员实际并不清楚被告与第三人之间的分包关系，他们从事被告安排的工作，受被告站点直接管理，与被告结算薪资，在此情况下，要求与被告确认劳动关系无可厚非。被告不能仅以与第三人存在内部分包关系而对抗原告要求与被告确认劳动关系的请求。

综上，原告圣欢欢与被告物美同城公司的关系，符合劳动关系的一般特征，法院认定原告圣欢欢与被告物美同城公司之间自2019年4月25日至2019年8月24日存在劳动关系。

据此，依据《中华人民共和国劳动合同法》第七条，《中华人民共和国民事诉讼法》第六十四条之规定，苏州市虎丘区人民法院于2021年8月2日作出（2020）苏0505民初5582号民事判决：

原告圣欢欢与被告江苏物美同城网络科技有限公司之间自2019年4月25日至2019年8月24日存在劳动关系。

一审宣判后，当事人服判息诉，一审判决已经发生法律效力。

案例报送单位：苏州市虎丘区人民法院
一审独任审判员：张凌云
报送人：张凌云
审稿人：左一凡

范仲兴、俞兰萍、高娟诉上海祥龙虞吉建设发展有限公司、黄正兵提供劳务者受害责任纠纷案

（2021）参阅案例23号

【裁判摘要】

建筑施工企业作为投保人为劳动者投保团体意外伤害险，该保险的受益人只能是劳动者或其近亲属。劳动者在工作中发生人身伤亡事故，未依法缴纳工伤保险费用的建筑施工企业或实际施工人主张在赔偿款中扣除意外伤害保险金的，人民法院不予支持。

【相关法条】

1.《中华人民共和国保险法》第三十九条　人身保险的受益人由被保险人

或者投保人指定。

投保人指定受益人时须经被保险人同意。投保人为与其有劳动关系的劳动者投保人身保险,不得指定被保险人及其近亲属以外的人为受益人。

被保险人为无民事行为能力人或者限制民事行为能力人的,可以由其监护人指定受益人。

2.《中华人民共和国建筑法》第四十八条　建筑施工企业应当依法为职工参加工伤保险缴纳工伤保险费。鼓励企业为从事危险作业的职工办理意外伤害保险,支付保险费。

【点评】

近年来,建筑行业违法转包、分包现象屡见不鲜,建筑工人在施工过程中受伤事故频发。为充分保障劳动者合法权益,在规定企业依法履行工伤保险费缴纳义务的同时,《中华人民共和国建筑法》第四十八条还鼓励企业为从事危险作业的职工办理意外伤害保险,支付保险费。但实践中,部分建筑施工企业为了降低用工成本,未依法缴纳工伤保险费,仅为职工投保了团体意外伤害险,此种情况下职工发生人身伤亡事件的,是否可以在企业的赔偿款中扣减人身意外伤害保险金,司法实践中存在不同观点。有一种观点认为,企业为职工投保团体意外伤害险,目的在于减轻自己的赔偿责任,既然职工获得了相应的保险金,理应从企业的赔偿责任中抵扣。本案裁判认为,团体意外伤害险属人身保险,根据《中华人民共和国保险法》第三十九条的规定,投保人为与其有劳动关系的劳动者投保人身保险,不得指定被保险人及其近亲属以外的人为受益人,即此种情形下企业不能成为保险受益人,故不能以团体意外伤害险的保险金抵偿企业的赔偿责任。本案判决对企业通过抵扣保险金变相成为团体意外伤害险实质受益人的行为作出了否定性评价,进一步厘清了团体意外伤害险的功能定位,对统一类案裁判尺度具有积极的作用。

原告:范仲兴,男,89岁,汉族,住江苏省启东市。

原告:俞兰萍,女,68岁,汉族,住江苏省启东市。

原告:高娟,女,41岁,汉族,住江苏省南通市。

被告:上海祥龙虞吉建设发展有限公司,住所地上海市天钥桥南路。

被告:黄正兵,男,58岁,汉族,住江苏省启东市。

原告范仲兴、俞兰萍、高娟因与被告上海祥龙虞吉建设发展有限公司(以下简称祥龙建设公司)、黄正兵提供劳务者受害责任纠纷一案,向启东市人民法院提起诉讼。

原告范仲兴、俞兰萍、高娟诉称:2018年2月,被告祥龙建设公司承包江苏沃地生物科技有限公司位于启东市高新技术产业开发区海州路的办公楼、车间建设工程后,将工程分包给被告黄正兵,范洪昌(死者)为木工,受雇于黄正兵。2018年10月3日下午4时,范洪昌在工地上施工时被一根方料砸在头上,安全帽被砸碎,导致头部受伤,两被告在范洪昌受伤后未及时将其送至医疗机构接受检查和治疗。2018年10月6日中午,范洪昌出现严重头昏现象,在妻子陪同下骑电瓶车至医院求医过程中摔倒,急诊送至启东市人民医院时处于深度昏迷,范洪昌因抢救无效于次日死亡。2018年10月9日,启东市公安局委托苏州同济司法鉴定所对范洪昌死亡原因进行鉴定,该所于2018年12月18日出具《鉴定意见书》,认定范洪昌死因为重型颅脑外伤及胸部外伤,颅脑外伤是导致死亡发生的主要原因,胸部外伤为死亡发生的次要原因。原告认为,范洪昌与黄正兵之间存在雇佣关系,雇员在从事雇佣活动中因安全事故死亡,雇主应承担赔偿责任,祥龙建设公司明知黄正兵没有相应资质,将工程进行发包,依法应承担连带责任,原告为维护自身合法权益,依据法律规定,特诉至法院,请求依法判决:(1)判令祥龙建设公司、黄正兵共同赔偿范仲兴、俞兰萍、高娟医疗费、死亡赔偿金、丧葬费、被扶养人生活费、尸体保管费(截至2019年6月3日)等各项损失共计1065987.73元;(2)判令祥龙建设公司、黄正兵自2019年6月4日起至判决生效之日起按照100元/天的标准支付尸体保管费;(3)诉讼费用由祥龙建设公司、黄正兵承担。

被告祥龙建设公司、黄正兵共同辩称:鉴定机构并未搞清坠物为何物便盲目进行鉴定,不仅有悖司法鉴定的相关规定,亦影响对范洪昌死因的分析和认定;范洪昌在工地上被坠物砸到头部后的两三天内均到工地正常上班,未有任何不适的感觉和反应;司法鉴定并未对前后两次致伤对范洪昌死亡的责任进行明确的区分和认定,有违司法鉴定的程序规定,故苏州同济司法鉴定所出具的《鉴定意见书》不能作为原告要求被告赔偿责任的依据,请求法院对范洪昌的死因及前后两次致伤的责任划分进行重新鉴定。从现有的证据看,范洪昌死亡的原因只能是单车交通事故,单车事故当天上午还在工地干活,范洪昌平时喜欢喝酒,且从单车事故现场来看其车速很快。退一步讲,即使范洪昌死因与其在工地上受坠物砸伤存在因果关系,也应是次要关系,主要的原因应是单车事故造成的多发伤。

启东市人民法院一审查明:

自2018年2月至10月,范洪昌受雇于被告黄正兵,工资为180元/天。2018年10月3日下午,范洪昌在江苏沃地生物科技有限公司位于启东市高新技术产业开发区海州路的办公楼、车间建设工程中工作时被坠落的方料砸到头部。2018 年 10 月 6 日,范洪昌骑电瓶车发生单车交通事故,后因抢救无效,于次日死亡。2018 年 10 月 9 日,启东市公安局交通警察大队事故调处中队委托苏州同济司法鉴定所对范洪昌死亡原因进行法医学鉴定,该所于 2018 年 12 月 18 日出具的《鉴定意见书》载明:范洪昌的死因是重型颅脑外伤及胸部外伤,颅脑外伤是导致其死亡的主要原因,胸部外伤为死亡发生的次要原因;关于致伤方式及两次外伤在范洪昌死亡发生中的作用,摔跌作用不能引起头颅崩裂、轻度变形,摔跌作用不足以解释全部的胸部外伤,即头颅损伤和右胸背部损伤考虑系第一次外伤砸击所致,但在头颅和胸部已有外伤的基础上,身体摔跌致使面部、胸部受力完全能够加剧前述头颅和胸部已有的外伤,这可能正是范洪昌单车事故发生后深度昏迷、自主呼吸弱等病理学基础。

另查明,被告祥龙建设公司为范洪昌在中国人寿保险股份有限公司投保了团体意外伤害保险,事故发生后,原告范仲兴、俞兰萍、高娟已获赔保险金 10 万元。

还查明,被告祥龙建设公司承建江苏沃地生物科技有限公司位于启东市高新技术产业开发区海州路的办公楼、车间工程,并提供案涉工程用的脚手架、方料等材料。被告黄正兵自祥龙建设公司处承接木工劳务,黄正兵并无相应施工资质;范洪昌父亲范仲兴于 1933 年 1 月 13 日出生,其父另有两女高某甲、高某乙。

启东市人民法院一审审理认为:

公民的生命健康权受法律保护。根据法律规定,个人之间形成劳务关系,提供劳务一方因劳务受到损害的,根据双方各自的过错承担相应的责任。本案的争议焦点为各方当事人在本次事故中的过错问题。根据《中华人民共和国侵权责任法》相关规定,死者范洪昌在提供劳务中受伤,应当由接受劳务方与提供劳务者根据双方各自过错承担责任。本案中,范洪昌在工作时被坠落的方料砸中头部,造成头颅损伤和右胸背部损伤,单车事故中身体的再次摔跌加剧了之前的伤情,进而导致死亡,鉴定意见亦表明颅脑外伤是导致死亡的主要原因,胸部外伤为死亡的次要原因,故范洪昌对本起事故的发生自身存在过错;被告黄正兵作为接受劳务的一方,对范洪昌在提供劳务过程中所遭受的损害亦应当承担相应的赔偿责任。被告祥龙建设公司将案涉木工劳务发包给不具备相应施工资质的黄正兵,对现场疏于管理,未能提供安全的施工环境,对本起事故的发生存在过错,因此祥龙建设公司亦应承担相应的赔偿责任。综合各方过错程度,酌定由黄正兵负担损失中的 50%、祥龙建设公司负担损失中的 20%,其余损失由范仲兴、俞兰萍、高娟自行负担。苏州同济司法鉴定所是具有相应鉴定资质的机构,其出具的鉴定意见可作为范仲兴、俞兰萍、高娟主张相关损失的依据,该鉴定意见就两次事故在范洪昌死亡原因中的作用已作出了解释和说明,祥龙建设公司、黄正兵并未提交任何证据证明该鉴定符合重新启动的情形,故祥龙建设公司、黄正兵关于重新启动鉴定的申请,不予准许。

关于损失的认定。原告范仲兴、俞兰萍、高娟主张的医疗费16443.7元，因有相应的医疗费票据、用药明细等予以佐证，予以确认；范仲兴、俞兰萍、高娟主张的住院伙食补助费36元(18元/天×2天)、护理费396元(2天×99元/天×2人)、误工费360元(180元/天×2天)、被扶养人生活费46210元(27726元×5年÷3人)，于法有据，予以支持；范仲兴、俞兰萍、高娟主张的丧葬费36342元，符合法律规定，予以支持；范仲兴、俞兰萍、高娟主张的尸体保管费，因该项支出属丧葬费范畴，范仲兴、俞兰萍、高娟在其主张的丧葬费获得支持的情况下再行主张该项费用，系重复主张，故对范仲兴、俞兰萍、高娟主张的尸体保管费用，不予支持；范仲兴、俞兰萍、高娟主张的死亡赔偿金896800元(47200元/年×19年)，因范洪昌生前以非农收入为其生活主要来源，原告按照城镇标准计算死亡赔偿金，有相应的事实和法律依据，予以支持；范仲兴、俞兰萍、高娟主张的受害人亲属为处理事故、办理丧葬事宜而支出的交通费、住宿费、误工损失等，酌定3000元。以上范仲兴、俞兰萍、高娟的各项损失合计为999587.7元，扣除祥龙建设公司为范洪昌投保团体意外伤害保险而获赔的保险金10万元，范仲兴、俞兰萍、高娟的实际损失为899587.7元。由黄正兵负担其中的50%，即为449793.85元，祥龙建设公司负担其中的20%，即为179917.54元，其余损失由范仲兴、俞兰萍、高娟自行负担。关于范仲兴、俞兰萍、高娟主张的精神损害抚慰金，因范洪昌的死亡给范仲兴、俞兰萍、高娟造成较为严重的精神损害，结合双方的过错程度，从彰显法律正义的本意和公序良俗的角度，酌定范仲兴、俞兰萍、高娟的精神损害抚慰金为30000元，由黄正兵赔偿20000元，由祥龙建设公司赔偿10000元。

据此，启东市人民法院依照《中华人民共和国侵权责任法》第十六条、第二十二条、第二十六条、第三十五条，《最高人民法院关于审理人身损害赔偿案件适用法律若干问题的解释》第十条、第十七条、第十八条的规定，于2019年6月27日作出(2018)苏0681民初9482号判决：

一、被告黄正兵于判决发生法律效力之日起十日内赔偿原告范仲兴、俞兰萍、高娟各项损失合计469793.85元；

二、被告上海祥龙虞吉建设发展有限公司于判决发生法律效力之日起十日内赔偿原告范仲兴、俞兰萍、高娟各项损失合计189917.54元；

三、驳回原告范仲兴、俞兰萍、高娟其他诉讼请求。

一审判决后，范仲兴、俞兰萍、高娟不服，提起上诉称：(1)根据《最高人民法院关于审理人身损害赔偿案件适用法律若干问题的解释》(2003年版，下同)第十一条第二款的规定，祥龙建设公司和黄正兵应当承担连带赔偿责任。(2)祥龙建设公司和黄正兵应当对上诉人的全部损失承担赔偿责任，范洪昌在本起事故中没有任何责任。(3)上诉人获赔的10万元团体意外伤害保险金不应当扣除，根据《中华人民共和国保险法》第四十六条的规定，被保险人遭受人身损害后，可以获得两种不同性质的赔偿。(4)上诉人基于诉讼额外支付的尸体保管费，已经超出法律规定的丧葬费范畴，应当由祥龙建设公司、黄正兵承担。综上，一审判决认定事实有误，请求二审法院撤销一审判决，依法改判。

被上诉人祥龙建设公司、黄正兵辩称：(1)根据《中华人民共和国侵权责任法》第三十五条的规定，一审法院认定祥龙建设公司承担20%责任正确。(2)在本案中，范洪昌确实因为工地上的方料导致其受伤，但其死亡的原因还有交通事故，所以一审法院认定范洪昌承担30%的责任有事实依据。(3)10万元的团体意外险是雇主黄正兵为范洪昌投保的，保险费也是黄正兵缴纳，该保险的获益人应当是黄正兵。(4)尸体保管费属于丧葬费范畴，本案已经计算了丧葬费。综上，一审法院认定事实清楚，适用法律正确，应当维持原判。

南通市中级人民法院经二审，确认了一审查明的事实。

二审中，上诉人范仲兴、俞兰萍、高娟提交两组证据：中国人寿保险股份有限公司南通市分公司的团体意外险保单和尸体保管费、运输费发票，拟证明：(1)投保人为祥龙建设公司而非黄正兵，被保险人为范洪昌；(2)尸体保管费、运输费应当由祥龙建设公司、黄正兵负担。祥龙建设公司、黄正兵质证认为，对该保单信息的真实性予以认可，该保单证明意外伤害保险费由祥龙建设公司负担，祥龙建设公司应为受益人。尸体保管费、运输费属于丧葬费范畴，不应另行计算。祥龙建设公司、黄正兵向法院提交为其他人投保的工伤保险、意外伤害保险单，并提交一组证人证言，拟证明祥龙建设公司没有投保意外伤害保险的法定义务，其为员工投保意外伤害保险、工伤保险的费用均由祥龙建设公司负担，并未在员工工资中予以扣除。范仲兴、俞兰萍、高娟质证认为，对工伤保险、意外伤害保险单的真实性予以确认，但与本案无关联性，对其余证据的真实性、关联性不予确认。法院认证认为，对范洪昌的意外伤害保险单、尸体保管费、运输费发票的真实性予以确认；祥龙建设公司、黄正兵提供的证人证言仅为书面证言，真实性不予确认；对其他证据的关联性不予确认。

南通市中级人民法院二审认为：

本案二审的争议焦点为：(一)被上诉人祥龙建设公司与被上诉人黄正兵是否应当承担连带赔偿责任；(二)案涉10万元意外伤害保险金是否应当在祥龙建设公司、黄正兵的赔偿数额中予以扣除；(三)本案责任比例的认定是否正确；(四)尸体保管费、运输费是否属于丧葬费范畴。

关于争议焦点一，被上诉人祥龙建设公司应当与被上诉人黄正兵承担连带赔偿责任。

《最高人民法院关于审理人身损害赔偿案件适用法律若干问题的解释》第十一条第二款规定，雇员在从事雇佣活动中因安全生产事故遭受人身损害，发包人、分包人知道或者应当知道接受发包或者分包业务的雇主没有相应资质或者安全生产条件的，应当与雇主承担连带赔偿责任。被上诉人祥龙建设公司将工程分包给不具备施工资质的被上诉人黄正兵，受害人范洪昌在施工过程中受伤后死亡，对该人身损害，祥龙建设公司应当与实际施工人黄正兵承担连带赔偿责任。

关于争议焦点二，被上诉人祥龙建设公司、黄正兵无权主张在赔偿款中扣除10万元意外伤害保险金。

首先，《中华人民共和国建筑法》第四十八条规定，建筑施工企业应当依法为职工参加工伤保险缴纳工伤保险费。鼓励企业为从事危险作业的职工办理意外伤害保险，支付保险费。即为职工缴纳工伤保险系建筑施工企业的法定义务，而为从事危险工作的职工办理意外伤害保险为倡导性规定，不具有强制性。法律鼓励施工企业为从事危险工作的职工办理意外伤害保险的目的在于为职工提供更多的保障，但并不免除施工企业为职工缴纳工伤保险的法定义务，如施工企业可以通过为职工办理意外伤害保险获赔的保险金抵销其对员工的赔偿责任，则相当于施工企业可以通过为职工办理意外伤害保险而免除缴纳工伤保险的法定义务，显然与该条的立法目的相违背。

其次，从意外伤害险的属性分析。团体意外伤害保险并非雇主责任险，该人身保险的受益人一般为被保险人或其指定的人。根据《中华人民共和国保险法》第三十九条的规定，人身保险的受益人由被保险人或者投保人指定。投保人指定受益人时须经被保险人同意。投保人为与其有劳动关系的劳动者投保人身保险，不得指定被保险人及其近亲属以外的人为受益人。该条的立法本意在于，雇主和劳动者通常处于不平等状态，雇主在为劳动者投保意外伤害险时，可能会利用自身的强势地位将受益人指定为雇主，该行为势必损害处于弱势地位的劳动者的合法权益，故该条明确雇主为劳动者投保人身保险时，受益人只能是被保险人及其近亲属。如施工单位或雇主为员工投保意外伤害险后可以直接在赔偿款中扣除该保险金，施工单位或雇主即成为实质意义上的受益人，有违本条立法本旨。本案中，被上诉人祥龙建设公司作为投保人为范洪昌购买团体意外险，该人身保险的受益人为范洪昌，范洪昌死亡后，其继承人有权继承该意外伤害保险金。即便祥龙建设公司为范洪昌投保意外伤害险的主观目的在于减轻自己的赔偿责任，但意外伤害险系人身险而非责任财产险，祥龙建设公司或被上诉人黄正兵如要减轻用工风险，应当依法为范洪昌缴纳工伤保险或购买雇主责任险，而非通过办理团体人身意外伤害险的方式替代强制性保险的投保义务。

最后，意外伤害保险的被保险人有权获得双重赔偿。《中华人民共和国保险法》第四十六条规定，被保险人因第三者的行为而发生死亡、伤残或者疾病等保险事故的，保险人向被保险人或者受益人给付保险金后，不享有向第三者追偿的权利，但被保险人或者受益人仍有权向第三者请求赔偿。根据该条规定，由于被保险人的生命、健康遭到损害，其损失无法用金钱衡量或弥补，被保险人或受益人可获得双重赔偿，此时不适用财产保险中的损失填补原则。本案中,范洪昌在为被上诉人黄正兵提供劳务的过程中受伤后死亡,其继承人有权依据意外伤害保险合同向保险公司主张保险金,也有权请求范洪昌的雇主黄正兵承担雇主赔偿责任。但保险公司给付保险金后,不享有向雇主黄正兵的追偿权。换言之,人身意外伤害保险金和人身损害死亡赔偿金均归属于范洪昌的继承人所有,投保人祥龙建设公司不享有任何权益,雇主黄正兵更无权主张从赔偿款中扣除10万元的意外伤害保险金。

关于争议焦点三,本案中,《鉴定意见书》载明:“综上分析,范洪昌的死因是重型颅脑外伤及胸部外伤,颅脑外伤是导致死亡发生的主要原因,胸部外伤为死亡发生的次要原因。头颅损伤和右胸背部损伤考虑第一次外伤砸击所致,但在头颅和胸部已有外伤的基础上,身体摔跌致面部、胸部受力完全能够加剧前述头颅和胸部已有的外伤。”范洪昌在提供劳务过程中受伤后并未第一时间到医院检查,而是第二天继续上班,最终因骑车摔倒后送医院无法医治身亡,其怠于治疗并骑车摔倒对于死亡具有一定的原因力,一审法院据此酌定范洪昌承担30%的责任比例,并无不当。

关于争议焦点四,丧葬费系定型化赔偿项目,即不考虑为处理丧葬事宜所花费的具体数额,依据当地统一标准认定赔偿数额。尸体保管费、运输费均为处理丧葬过程中发生的费用。且本案中,受害人范洪昌于2018年10月7日死亡,同年10月9日启动鉴定程序,10月26日尸检后,于同年12月18日由苏州同济司法鉴定所出具鉴定意见书,死者家属直至2019年10月4日才予以处理,对于该部分费用系扩大的损失,即便超出丧葬费定型化赔偿的数额,也应由死者家属自行承担。

基于前述,上诉人范仲兴、俞兰萍、高娟因范洪昌死亡产生总的损失为999587.7元,被上诉人黄正兵承担70%的赔偿责任即699711.39元,精神损害抚慰金30000元,合计729711.39元;被上诉人祥龙建设公司对该部分损失承担连带赔偿责任。

综上,上诉人范仲兴、俞兰萍、高娟的上诉请求部分成立,对该部分予以支持。南通市中级人民法院依照《中华人民共和国民事诉讼法》第一百七十条第一款第二项规定,于2020年1月6日判决如下:

一、撤销江苏省启东市人民法院(2018)苏0681民初9482号民事判决;

二、黄正兵于本判决发生法律效力之日起十日内赔偿范仲兴、俞兰萍、高娟各项损失合计729711.39元;

三、上海祥龙虞吉建设发展有限公司对黄正兵的上述赔偿义务承担连带赔偿责任;

四、驳回范仲兴、俞兰萍、高娟的其他诉讼请求。

案例报送单位:南通市中级人民法院

二审合议庭成员:韩兴娟、王作杰、谷昔伟

报送人:谷昔伟

审稿人:左一凡

高志清、戴雨晴诉张凤清、袁丽萍房屋买卖合同纠纷案

（2021）参阅案例24号

【裁判摘要】

业主转让建筑物内住宅、经营性用房时，如无特殊约定，其基于法律规定或共同管理约定所享有的对共有部分专有使用权应一并转让，既有的共同管理约定对继受取得权利的业主继续有效，转让人应当协助将其独占使用的共有部分交付于受让人。

【相关法条】

《中华人民共和国物权法》第七十条　业主对建筑物内的住宅、经营性用房等专有部分享有所有权，对专有部分以外的共有部分享有共有和共同管理的权利。

第七十二条　业主对建筑物专有部分以外的共有部分，享有权利，承担义务；不得以放弃权利不履行义务。

业主转让建筑物内的住宅、经营性用房，其对共有部分享有的共有和共同管理的权利一并转让。

第七十三条　建筑区划内的道路，属于业主共有，但属于城镇公共道路的除外。建筑区划内的绿地，属于业主共有，但属于城镇公共绿地或者明示属于个人的除外。建筑区划内的其他公共场所、公用设施和物业服务用房，属于业主共有。

【点评】

随着房地产市场化程度的日益提高，因房屋交易引起的纠纷层见叠出，本案就是一起因房屋转让时双方就地下室使用权归属约定不明而引发的纠纷。法院先是正确认定该无法登记的地下室不属于建筑物区分所有权中业主专有部分，

而是建筑区划内的公用设施，属于业主共有部分；再从维护小区公共秩序和业主利益的角度，明确了业主在转让专有部分时，应当一并转让其基于业主共同管理约定所享有的对共有部分的专有使用权。让真正居住在小区内的业主享有对共有部分的专有使用权，不仅有助于小区的维护管理，而且可以便利业主生活，更好地实现“物尽其用”，符合民法典物权编的立法精神。本案为依法处理房产交易中共有部分专有使用权转让问题提供了示范性案例参照，为强化房产交易主体的规则意识、责任意识，规范房产交易秩序注入强劲司法动能。

原告：高志清，男，40岁，汉族，住南京市江宁区。

原告：戴雨晴，女，39岁，汉族，住南京市江宁区。

被告：张凤清，男，52岁，汉族，住南京市栖霞区。

被告：袁丽萍，女，50岁，汉族，住南京市栖霞区。

原告高志清、戴雨晴因与被告张凤清、袁丽萍房屋买卖合同纠纷一案，向南京市江宁区人民法院提起诉讼。

原告高志清、戴雨晴诉称：2016年2月21日，原告与被告签订房屋买卖合同，向被告购买了山水方舟雅苑×幢101室房屋。2020年，因城市文明建设，原告得知单元的全体业主于2007年8月即对单元地下室进行了分隔，分隔出的7号小地下室归101室业主使用。但被告未向原告告知该情况，也未向原告交付7号小地下室，而是继续占有使用。2020年9月2日，原被告双方因7号小地下室的使用问题发生纠纷，后经人民调解委员会调解未果。故诉至法院，请求确认7号小地下室归原告使用，判令被告腾空并交付7号小地下室及支付占有使用费（自2016年8月1日起，按400元/月的标准计算至7号小地下室实际交付之日止）。

被告张凤清、袁丽萍辩称：（1）根据被告与开发商之间的商品房买卖合同约定，101室的单元地下室不计入公共分摊面积，不属于业主共有部分。（2）开发商交付房屋半年后，被告才接到讨论分隔单元地下室的通知，当时大家要求均分，但根据单元地下室的结构不能均分，只能隔成大小不等的小间地下室，大家以抽签的方式取得使用权，被告抽到了7号小地下室，并支付了分隔费676元。因此，7号小地下室不是房屋附属设施，与101室房屋没有关系，被告可以单独进行处置。（3）原告购房后房价大幅上涨，原告购房半年的溢价超过被告购房十年的溢价，双方合同虽仅约定违约金2万元，但被告并没有违约不卖房，被告履行合同没有违约行为。综上，原被告的房屋买卖合同没有约定7号小地下室转让给原告，请求驳回原告的诉讼请求。

南京市江宁区人民法院一审查明：

2016年2月21日，张凤清、袁丽萍

(甲方)与高志清(乙方)以及案外人南京存房房地产经纪有限公司(丙方)签订《存量房交易合同》,约定甲方将南京市江宁区东山街道宏运大道2199号山水方舟雅苑×幢101室房屋出售给乙方;建筑面积125.05平方米,套内建筑面积111.14平方米,分摊面积13.91平方米;房款198万元。合同签订后,高志清付清了房款,张凤清、袁丽萍协助办理了过户手续,房屋所有权、土地使用权分别于同年3月29日、4月1日变更登记至高志清、戴雨晴名下,张凤清、袁丽萍并于同年5月11日将房屋实际交付于高志清、戴雨晴。

2006年6月25日,张凤清、袁丽萍与南京宏发房地产开发有限公司签订《商品房买卖契约》,购得山水方舟雅苑×幢101室房屋。2007年8月,101室所在单元全体业主共同委托小区物业服务单位对单元地下室进行了分隔,按照单元总户数12户共分隔出12小间,并依序进行编号,通过抽签的方式确定使用人。其中7号小地下室由101室业主使用,张凤清、袁丽萍支付了分隔费676元。张凤清、袁丽萍出售房屋时未告知高志清、戴雨晴7号小地下室情况。

2020年8月24日,高志清、戴雨晴通知张凤清、袁丽萍于月底前腾空7号小地下室。后张凤清、袁丽萍未予腾空,高志清、戴雨晴更换了7号小地下室门锁,双方因此发生争议。2020年9月2日,经南京市江宁区东山街道人民调解委员会调解,高志清、戴雨晴将地下室钥匙交给了张凤清、袁丽萍,双方并同意通过诉讼途径解决地下室的使用争议。现张凤清、袁丽萍仍有杂物存放于7号小地下室。

审理中,为证明因张凤清、袁丽萍占有使用7号地下室的损失,高志清、戴雨晴提供了从房产中介“贝壳”App、“我爱我家”App下载的地下室租赁广告,证明类似大小的地下室的租金为600元/月左右。张凤清、袁丽萍质证认为真实性无法确认。

南京市江宁区人民法院一审认为:

原告高志清、戴雨晴与被告张凤清、袁丽萍签订的《存量房交易合同》不违反法律、行政法规的强制性规定,合法有效。当事人应当按照约定全面履行自己的义务。当事人应当遵循诚实信用原则,根据合同的性质、目的和交易习惯履行通知、协助、保密等义务。

一、关于涉案地下室是否属于业主共有部分的问题。法律规定,建筑区划内的其他公共场所、公用设施和物业服务用房,属于业主共有。本案中,101室的单元地下室并不属于建筑物区分所有权中业主专有部分,而是建筑区划内的公用设施,属于业主共有部分。并且101室所在单元在构造上、功能上具有相对独立性,该单元的地下室能够单独使用,与该单元的业主具有使用上的利害关系,因此该单元的地下室属于该单元全体业主共有。7号小地下室系从101室的单元地下室分隔出来分配给101室业主单独使用的共有部分,其性质仍属于业主共有。张凤清、袁丽萍辩称7号小地下室不属于业主共有部分及其二人可自行处置的意见,缺乏事实和法律依据,不予采纳。

二、关于张凤清、袁丽萍是否应将7号小地下室交付高志清、戴雨晴的问题。法律规定,业主对共有部分享有共有和共同管理的权利。业主转让建筑物内的住宅、经营性用房,其对共有部分享有的共有和共同管理的权利一并转让。法院认为,从维护小区公共秩序和业主利益的角度来说,业主转让专有部分时,不仅其对共有部分享有的共有和共同管理的权利一并转让,而且其基于业主共同管理约定所享有的共有部分专有使用权也应当一并转让,既有的共同管理约定对继受取得业主权利的房屋受让人继续有效,房屋转让人应当协助将其独占使用的共有部分交付于受让人。本案中,张凤清、袁丽萍基于共同管理合意独占使用7号小地下室,张凤清、袁丽萍向高志清、戴雨晴转让101室房屋,7号小地下室的独占使用权应当一并转让,张凤清、袁丽萍应当协助将7号小地下室交付于高志清、戴雨晴。因此,对于高志清、戴雨晴要求确认7号小地下室归其二人使用以及要求张凤清、袁丽萍腾空并交付7号小地下室的诉讼请求,予以支持。张凤清、袁丽萍辩称房屋买卖合同没有约定转让7号小地下室,其二人不应当向高志清、戴雨晴交付7号小地下室的意见,缺乏事实和法律依据,不予采纳。

三、关于高志清、戴雨晴主张的占有使用费如何认定的问题。法律规定,当事人一方不履行合同义务或者履行合同义务不符合约定的,应当承担继续履行、采取补救措施或者赔偿损失等违约责任。本案中,张凤清、袁丽萍拒绝向高志清、戴雨晴交付7号小地下室构成违约,高志清、戴雨晴有权要求张凤清、袁丽萍赔偿损失。双方对7号地下室的交付期限未作约定,高志清、戴雨晴可以随时要求张凤清、袁丽萍履行,但是应当给予张凤清、袁丽萍一定准备时间。高志清、戴雨晴2020年8月24日要求张凤清、袁丽萍于月底前腾空并交付7号小地下室,张凤清、袁丽萍未及时履行义务,因此占有使用费应从2020年9月1日起计算。综合考量7号小地下室的性质、面积、用途等因素,本院酌定按180元/月的标准计算。鉴于张凤清、袁丽萍取得7号小地下室使用权时支出了相应费用,为减少当事人的诉累,本院确定截至2020年12月22日的占有使用费与张凤清、袁丽萍支出的费用相抵,张凤清、袁丽萍无须再支付该期间的占有使用费。

综上,南京市江宁区人民法院依照《中华人民共和国合同法》第六十条、第一百零七条,《中华人民共和国物权法》第七十条、第七十二条、第七十三条的规定,于2020年12月30日作出(2020)苏0115民初12943号民事判决:

一、南京市江宁区东山街道宏运大道2199号山水方舟雅苑×幢101室的单元地下室中的7号小地下室归原告高志清、戴雨晴使用;

二、被告张凤清、袁丽萍于本判决发生法律效力之日起十日内腾空并将南京市江宁区东山街道宏运大道2199号山水方舟雅苑×幢101室的单元地下室中的7号小地下室交付于原告高志清、戴雨晴;

三、被告张凤清、袁丽萍于本判决发生

法律效力之日起十日内向原告支付高志清、戴雨晴占有使用费(自2020年12月23日起,按180元/月的标准计算至被告张凤清、袁丽萍将南京市江宁区东山街道宏运大道2199号山水方舟雅苑×幢101室的单元地下室中的7号小地下室交付于原告高志清、戴雨晴之日止);

四、驳回原告高志清、戴雨晴的其余诉讼请求。

一审宣判后,双方当事人均未上诉,判决已发生法律效力。

案例报送单位:南京市江宁区人民法院
一审独任审判员:汪　印
报送人:汪　印
审稿人:左一凡

赵立栋等九人假冒注册商标案

（2021）参阅案例25号

【裁判摘要】

认定被控假冒标识是否属于刑法第二百一十三条规定的"相同的商标",应根据假冒标识与注册商标在视觉上是否基本无差别、假冒标识添加的内容是否属于缺乏显著特征的要素、是否影响注册商标的显著性、假冒标识是否足以对公众产生误导等原则进行比对判断。

未经注册商标所有人许可,在突出使用注册商标核心要素的基础上,添加的文字、图形等要素,不影响注册商标的显著特征,并在同一种商品上使用该标识,足以对公众产生误导的,属于刑法第二百一十三条规定的"相同的商标"。

【相关法条】

1.《中华人民共和国刑法》(2017年修正)第二百一十三条　未经注册商标所有人许可,在同一种商品上使用与其注册商标相同的商标,情节严重的,处三年以下有期徒刑或者拘役,并处或者单处罚金;情节特别严重的,处三年以上七年以下有期徒刑,并处罚金。

2.《最高人民法院、最高人民检察院关于办理侵犯知识产权刑事案件具体应用法律若干问题的解释》第八条　刑法第二百一十三条规定的"相同的商标",是指与被假冒的注册商标完全相同,或者与被假冒的注册商标在视觉上基本无差别、足以对公众产生误导的商标。

刑法第二百一十三条规定的“使用”，是指将注册商标或者假冒的注册商标用于商品、商品包装或者容器以及产品说明书、商品交易文书，或者将注册商标或者假冒的注册商标用于广告宣传、展览以及其他商业活动等行为。

3.《最高人民法院、最高人民检察院关于办理侵犯知识产权刑事案件具体应用法律若干问题的解释(三)》第一条　具有下列情形之一的，可以认定为刑法第二百一十三条规定的“与其注册商标相同的商标”：

(一)改变注册商标的字体、字母大小写或者文字横竖排列，与注册商标之间基本无差别的；

(二)改变注册商标的文字、字母、数字等之间的间距，与注册商标之间基本无差别的；

(三)改变注册商标颜色，不影响体现注册商标显著特征的；

(四)在注册商标上仅增加商品通用名称、型号等缺乏显著特征要素，不影响体现注册商标显著特征的；

(五)与立体注册商标的三维标志及平面要素基本无差别的；

(六)其他与注册商标基本无差别、足以对公众产生误导的商标。

【点评】

假冒注册商标犯罪是侵犯知识产权犯罪的主要类型，而认定“相同商标”又是判定行为人是否构成假冒注册商标罪的关键。现行司法解释认为，“相同商标”既包括与被假冒的注册商标完全相同的标识，也包括与被假冒的注册商标在视觉上基本无差别、足以对公众产生误导的标识；司法解释还列举了部分仅仅改变商标表现形态、不改变商标构成要素仍属于“相同商标”的情形。尽管如此，“在视觉上基本无差别、足以对公众产生误导”的判断标准仍显得较为抽象，在审判实务中区分难度较大。

本案即是行为人通过在涉案注册商标上添加其他要素的方式，对注册商标进行变造的一种典型情形。本案裁判认为，认定被控假冒标识与注册商标是否构成“相同商标”，应采用对比观察的方法，根据一系列原则进行比对判断。虽然行为人在注册商标上添加的并非司法解释规定的商品通用名称、型号等要素，但由于商标权人的持续经营使用，添加的内容与注册商标均指向同一商品来源，缺乏能与注册商标相区别的显著特征和实质性变化，且在结构上与注册商标相互独立，突出使用了注册商标的核心要素，不影响体现注册商标的显著特征，反而更容易导致公众对商品来源产生误导，应当认定为“相同商标”。本案明确了刑法第二百一十三条规定的“与其注册商标相同的商标”的判断原则和方法，并对在注册商标上添加其他要素的变造情形下“相同商标”的认定标准予以细化，有利于依法打击侵犯商标权犯罪。

公诉机关：泰州市人民检察院。

被告人：赵立栋、付佳、宋俊、吴秋楠、高嘉鸿、方钱宝、钟嘉宁、汪金鹏、方陶进。

泰州市人民检察院以被告人赵立栋、付佳、宋俊、吴秋楠、高嘉鸿、方钱宝、钟嘉宁、汪金鹏、方陶进犯假冒注册商标罪，向泰州市中级人民法院提起公诉。

公诉机关指控：2016 年 6 月至 2018 年 3 月，在未经注册商标所有人许可的情况下，被告人赵立栋单独或伙同被告人付佳、吴秋楠、宋俊、高嘉鸿、方钱宝、钟嘉宁、汪金鹏、方陶进等人利用安格洛联营公司（以下简称安格洛公司）的第 973732 号商标，假冒他人注册商标的商品并销售牟利。被告人赵立栋、吴秋楠、高嘉鸿非法经营数额计人民币 5286663 元；被告人付佳、宋俊、方钱宝、钟嘉宁、汪金鹏和方陶进非法经营数额分别计人民币 5223163 元、4054007 元、858244.24 元、440180 元、292475 元和 50 万元。公诉机关认为，被告人赵立栋单独或伙同被告人付佳、吴秋楠、宋俊、高嘉鸿、方钱宝、钟嘉宁、汪金鹏、方陶进，未经注册商标所有人许可，在同一种商品上使用与其注册商标相同的商标，情节特别严重，其行为均构成假冒注册商标罪。

被告人付佳、宋俊、高嘉鸿、方钱宝、钟嘉宁、汪金鹏、方陶进对起诉书指控的犯罪事实及罪名不持异议，且自愿认罪认罚。

被告人赵立栋辩称，其没有犯罪的主观故意，起诉书的指控缺乏事实依据，其没有起到主要作用。被告人吴秋楠辩称，其对销售货物的数量并不知情。

被告人赵立栋、付佳、宋俊、高嘉鸿的辩护人主要辩护意见为：案涉标识与涉案注册商标系相似而非相同，不构成假冒注册商标罪；被告人无犯罪的主观故意；被告人在犯罪中所起作用较小；对犯罪数额有异议。被告人方钱宝的辩护人主要辩护意见为：方钱宝为犯罪中止，应减轻处罚；对认定的犯罪数额有异议。被告人宋俊、高嘉鸿、方钱宝、钟嘉宁、汪金鹏的辩护人均提出了从轻量刑的辩护意见。

泰州市中级人民法院一审审理查明：

BOY LONDON 系英国的安格洛公司（ANGLOFRANCHISE LIMITED）创立和经营的潮流服装品牌，该公司成立于 1989 年 8 月 22 日，系第 973732 号、第 18186146 号、第 13876268 号、第 19349953 号、第 18925070A 号 BOY 等商标的注册人。其中，第 973732 号商标核定使用商品类别为第 25 类，核定使用范围包括衣服、皮带（服饰用）、鞋、帽等，注册有效期限为 1997 年 4 月 7 日至 2027 年 4 月 6 日；其他商标均是 2016 年起陆续注册的。

2013年1月22日，案外人金某某以商标注册人连续三年未在指定商品上使用图形商标为由，对第973732号商标提出撤销申请。其间，历经原国家工商行政管理总局商标评审委员会（以下简称商评委）的决定、法院的裁判，最终于2019年9月19日，确定维持涉案第973732号商标。

2016年6月至2017年上半年，被告人赵立栋与被告人方钱宝等人在参加“BOY LONDON”品牌服装发布会、意欲经销代理该品牌服装未果后，与被告人付佳、吴秋楠、高嘉鸿计议，利用安格洛公司与金某某间就第973732号注册商标存在争议的情形，以上海添漫实业有限公司（以下简称添漫公司）的名义申请注册相关“BOY LONDON”品牌商标，且在明知上述注册商标申请无法获批的情形下，仍然运营、生产、经销假冒“BOY LONDON”品牌服装。各被告人商议由被告人赵立栋负责品牌生产、销售等联络事务，被告人付佳负责品牌策划、推广等，被告人方钱宝负责生产供货，被告人高嘉鸿负责品牌商标、网站等设计制作，被告人赵立栋、吴秋楠在长春市建立专门仓库，被告人吴秋楠负责仓库的日常管理、收发货等。

2016年6月至2018年，为方便品牌推广和销售，经被告人赵立栋提议，被告人高嘉鸿具体负责实施，设计、制作了注册人为添漫公司、核定使用商品类别亦为第25类的仿冒商标证（分别为图案和BOY文字标识，仿冒注册号分别为第9487435号和第9487436号），设计、制作了仿冒的BOY LONDON品牌防伪查验系统、网站，经销商为添漫公司的商品合格证、二维码、带有图案的服装吊牌，以添漫公司名义向经销商出具的品牌销售证明以及法尔富兰格公司（该公司系被告人付佳用其表弟身份注册的英国公司）向添漫公司出具的BOY LONDON品牌中国总代理商的授权书等。

2016年6月至2018年3月，被告人赵立栋、付佳单独或结伙，通过以添漫公司名义出具加工生产委托书、签订服装生产加工合同等方式，书面或者口头委托被告人宋俊、方钱宝、钟嘉宁、汪金鹏生产假冒BOY LONDON品牌商标的各类服装。被告人赵立栋、吴秋楠、高嘉鸿非法经营数额计人民币5286662元；被告人付佳非法经营数额计人民币5223163元；被告人宋俊非法经营数额计人民币4054007元；被告人方钱宝非法经营数额计人民币858244.24元；被告人钟嘉宁非法经营数额计人民币440180元；被告人汪金鹏非法经营数额计人民币292475元；被告人方陶进非法经营数额计人民币50万元。

到案后，被告人付佳、方钱宝、宋俊、高嘉鸿、钟嘉宁、汪金鹏、方陶进均如实供述自己的罪行。被告人方钱宝、高嘉鸿、钟嘉宁、汪金鹏、方陶进在审查起诉阶段均自愿表示认罪认罚，并均签署认罪认罚具结书。被告人付佳、宋俊在庭审阶段对公诉机关指控的罪名和犯罪事实均不持异议，并自愿表示认罪认罚。被告人方钱宝、钟嘉宁主动退出人民币各15万元；被告人汪金鹏主动退出人民币10万元。

本案一审的主要争议焦点为:(1)涉案第973732号注册商标的效力状态如何认定;(2)涉案假冒商品上的标识与涉案商标是否构成“相同商标”;(3)各被告人对于假冒涉案商标是否存在主观明知。

泰州市中级人民法院一审审理认为:

一、涉案第973732号注册商标一直处于有效期内

涉案商标虽一直因案外人金某某提出异议处于争议程序中,商评委虽曾于2015年4月30日作出撤销涉案商标的复审决定,但该复审决定因商标权利人安格洛公司提起行政诉讼并未生效,涉案商标也自始至终从未被商标局予以公告撤销,故涉案第973732号注册商标的商标专用权一直处于有效期内,注册有效期至2027年4月6日。故被告人赵立栋的辩护人所持因涉案商标处于权属不明状态、对其效力应作有利于被告人的认定之辩护意见,缺乏法律依据,亦与事实不符,一审法院不予采纳。

二、涉案假冒商品上的标识与涉案商标构成“相同商标”

1.关于涉案假冒商品上所使用标识的范围确认。根据公安机关依法扣押的涉案假冒BOY LONDON品牌商标的各类服装、服装吊牌标识等物证和照片以及被告人的供述可以确认,服装上印制的标识虽各有不同,但所使用的吊牌主要分为两种:一种吊牌是由两张黑色硬质纸质标签组成,第一张标签正面印有“鹰+BOY”(上下排列)的标识,反面印有以“鹰+BOY”(上下排列)为标题的品牌英文简介;第二张标签正面印有“BOY LONDON”(上下排列)的字样,反面印有合格证等信息。另一种吊牌是由两张黑色硬质纸质标签或者中间再加一张白色透明标签组成,第一张标签正面印有“鹰+BOY LONDON”(鹰图形在上、BOY LONDON字母在下)的标识,反面印有以“BOY LONDON”为标题的品牌英文简介;第二张标签正面上方印有二维码,中间印有“品质保证”四字,下方印有“鹰+BOY LONDON”(鹰图形在上、BOY和LONDON字母依次在下)的标识,反面印有合格证等信息;部分该种吊牌中间还有一张白色透明标签,该标签下方亦印有“鹰+BOY LONDON”(鹰图形在上、BOY和LONDON字母依次在下)的标识。这两种吊牌系各被告人使用在其假冒BOY LONDON品牌服装上的标识,起到了区分商品来源的作用,构成商标性使用,属于《中华人民共和国刑法》第二百一十三条规定的“使用”。因此,判断涉案假冒商品上所使用的标识与涉案商标是否构成相同的商标,应以上述两种吊牌所涉标识,即分别为“鹰”+“BOY”(上下排列)、“鹰”+“BOY LONDON”(鹰图形在上、BOY LONDON字母在下)以及“鹰”+“BOY LONDON”(鹰图形在上、BOY和LONDON字母依次在下)三种假冒标识,与涉案商标进行比对并作出认定。

2.关于涉案假冒商品上所使用的标识与涉案商标的比对判断。《最高人民法院、最高人民检察院关于办理侵犯知识产权刑事案件具体应用法律若干问题的解

释》第八条规定，刑法第二百一十三条规定的“相同的商标”，是指与被假冒的注册商标完全相同，或者与被假冒的注册商标在视觉上基本无差别、足以对公众产生误导的商标。《最高人民法院、最高人民检察院关于办理侵犯知识产权刑事案件具体应用法律若干问题的解释（三）》第一条又明确规定，具有“改变注册商标的字体、字母大小写或者文字横竖排列，与注册商标之间基本无差别的”、“在注册商标上仅增加商品通用名称、型号等缺乏显著特征要素，不影响体现注册商标显著特征的”或者“其他与注册商标基本无差别、足以对公众产生误导的商标”等情形之一的，可以认定为《中华人民共和国刑法》第二百一十三条规定的“与其注册商标相同的商标”。因此，认定假冒标识与注册商标是否构成相同商标，应采用对比观察的方法，根据假冒标识是否与注册商标在视觉上基本无差别、假冒标识添加的内容是否属于缺乏显著特征的要素、是否影响体现注册商标的显著特征、是否足以对公众产生误导等原则进行比对判断。

本案中，被控涉案假冒商品属于第25类服装类产品，与涉案第973732号注册商标所核定的商品种类相同，将前述三种假冒标识与涉案商标比对可知，涉案商标为图形商标，一只驻足而立、展开双翅似欲振翅而飞的鹰图形为该商标的显著特征和核心要素，也是该商标品牌设计的独特性所在。涉案假冒标识虽为图形与文字组合而成的组合商标，但从整体上看，因该三种假冒标识均突出使用了与涉案商标最显著特征完全相同的鹰图形，无论是鹰的神态、动作、站姿均与涉案商标的鹰图形完全一致，因此其呈现的整体视觉效果也与涉案商标基本无差别。另外，BOY或者BOY LONDON原为普通的英文单词，但因安格洛公司多年的经营和宣传，已经在潮流服装领域成为该公司品牌的另一标识，为广大消费者所熟知。因此虽然BOY或者BOY LONDON并非商品的通用名称或者型号等，但由于其与图形标识所指向的品牌相同，无法起到指示另一不同品牌的区分商品来源的作用，故与涉案商标相比，涉案假冒标识增加的BOY或者BOY LONDON文字要素属于缺乏显著特征的要素，该添加要素亦不影响体现涉案注册商标的显著特征，与图形组合使用后反而易使消费者误以为涉案假冒服装系安格洛公司生产和销售的商品，足以对消费者产生误导。因此涉案假冒商品上所使用的标识与涉案注册商标属于在视觉上基本无差别、足以对公众产生误导的商标，构成“相同商标”。

关于涉BOY LONDON品牌其他相关商标。如前所述，BOY LONDON系安格洛公司创立和经营的潮流服装品牌，涉案第973732号注册商标系安格洛公司为经营该品牌最早在我国申请注册的商标，亦是该品牌的标志性特征。其后，安格洛公司申请注册了第13875897号BOY LONDON、第13876268号BOY LONDON、第18186146号BOY LONDON等注册商标，虽然上述商标不在起诉书指控范围之内，但公诉机关在发表公诉意见和举证阶段也对涉 BOY LONDON 品牌其他相关商标情况予以了补充说明，在案证据亦足以证明图形是涉案 BOY LONDON 品牌最核心的标志和最显著的特征，涉案假冒标识亦事实上侵犯了安格洛公司依法注册和享有的其他相关商标专用权。同时，结合被控涉案假冒标识反面印制的以“BOY LONDON”为标题的品牌英文简介亦可以看出，该简介信息同样指向安格洛公司经营的 BOY LONDON 品牌，容易进一步加深消费者的混淆和误认，同样印证了涉案假冒商品上所使用标识客观上起到了与涉案商标指向商品来源同一性的作用。

三、各被告人对于假冒涉案商标存在主观明知

关于被告人赵立栋的主观状态。首先，从赵立栋的职业、对服装行业的认识角度来看，赵立栋长期从事服装服饰的经营和销售，对服装行业有较多的认识，亦了解品牌服装的经营模式，其对经营某一品牌服装需要通过加盟、经销等方式得到该品牌权利人的同意、授权或许可是明知的。其次，从赵立栋对商标注册制度和涉案商标的了解程度来看，赵立栋对《中华人民共和国商标法》确立的商标注册制度有一定的了解，其有自营服装品牌“ED”，亦知晓涉案商标的争议情况。根据其本人供述，其一直关注涉案商标争议的进展情况，其间亦曾与方钱宝前往商标局查询了解涉案商标的效力状态，并要求做出书面答复。其虽辩称曾经得到商标局工作人员作出的涉案商标已经被撤销的口头答复，但未能提供相应的证据予以证明；反观其他被告人的供述和商标局的《关于“BOY LONDON”等商标情况的答复》可以判断，该商标专用权一直处于有效期内，赵立栋对涉案商标仍然处于有效状态亦是明知。最后，从赵立栋实施的一系列客观行为来看，被告人赵立栋与方钱宝意欲代理“BOY LONDON”品牌服装未果后，开始商议经营假冒“BOY LONDON”品牌的服装，其提议方钱宝借用添漫公司的名义申请注册相关“BOY LONDON”品牌商标，且在明知上述注册商标申请无法获批的情形下，仍然伙同被告人高嘉鸿设计、制作仿冒商标证、BOY LONDON 品牌防伪查验系统、带有图案的服装吊牌、以添漫公司名义向经销商出具品牌销售证明等，用以经销假冒品牌服装。上述客观行为均系被告人赵立栋为了让其经营销售具有“合法手续”的外衣，足以证明其对假冒涉案商标的行为亦是明知的。

关于其他被告人的主观状态，综合在案证据和各被告人的职业、行为等相关情况，可以认为，本案各被告人主观上对其行为属于假冒他人注册商标均是明知的。

本案中各被告人实施的犯罪行为均发生在 2021 年 3 月 1 日《中华人民共和国刑法修正案（十一）》实施前，本着从旧兼从轻的原则，本案应适用 2017 年修正的《中华人民共和国刑法》的相关规定追究各被告人的刑事责任。

综上所述，被告人赵立栋单独或伙同被告人付佳、吴秋楠、宋俊、高嘉鸿、方钱宝、钟嘉宁、汪金鹏、方陶进，未经注册商标

所有人许可，在同一种商品上使用与其注册商标相同的商标，情节特别严重，其行为均已构成假冒注册商标罪，且部分系共同犯罪。公诉机关指控的犯罪事实清楚，证据确实充分，指控的罪名正确，予以支持。结合各被告人在共同犯罪中的地位、作用和其对应的非法经营数额，泰州市中级人民法院于2021年3月28日作出(2019)苏12刑初55号刑事判决，判决被告人赵立栋犯假冒注册商标罪，判处有期徒刑五年，并处罚金人民币一百万元；其他被告人分别被判处有期徒刑三年六个月及以下不等的刑罚，并处十万元至四十万元不等的罚金。

一审判决后，被告人赵立栋、宋俊、吴秋楠以涉案假冒商品上的标识与涉案商标不构成“相同商标”、不具有犯罪的主观故意、非法经营数额认定有误、一审判决超出起诉书指控范围、一审判决量刑过重等为主要理由，向江苏省高级人民法院提起上诉。

检察员提交书面意见认为：一审判决认定的事实清楚、证据确实充分、定性准确、量刑适当、审判程序合法；上诉人的上诉理由均不能成立。建议二审法院驳回上诉，维持原判。

江苏省高级人民法院经二审审理，确认了一审查明的事实。

江苏省高级人民法院二审审理认为：

涉案假冒商品上的标识与涉案商标构成“相同商标”。涉案第973732号商标为图形商标，鹰图形为该商标的显著特征和核心要素。假冒服装吊牌上使用的三种标识虽然均是图形与文字的结合，但均突出使用了与涉案商标最显著特征完全相同的图形，且图形与“BOY”或者“BOY LONDON”字母在结构上相互独立，完全可以单独起到识别商品来源的作用，据此，一审法院认定假冒服装上使用的商标与涉案第973732号商标系相同商标，并无不当。

上诉人赵立栋、吴秋楠具有犯罪的主观故意。涉案商标从未被商标局予以公告撤销，一直处于有效期内。结合上诉人赵立栋的职业、行为以及商标局于2017年6月26日作出的答复可知，赵立栋对涉案商标处于有效状态系明知，仍实施了假冒注册涉案商标的行为，应认定其具有犯罪的主观故意。上诉人吴秋楠系赵立栋的女友，其对赵立栋长期从事假冒注册商标服装行为明知，且其有直接在涉案假冒服装上贴附假冒注册商标的行为，可以认定其具有犯罪的主观故意。

一审认定非法经营数额无误。上诉人赵立栋单独或伙同他人参与策划、实施本案全部假冒注册商标犯罪，且在共同犯罪中系主犯，应当按照其参与的或者组织、指挥的全部犯罪处罚，一审判决认定的非法经营数额均有在案证据予以佐证，故对该点上诉理由和辩护意见不予采纳。宋俊初期接受委托加工假冒涉案商标的服装，吊牌由其自行印制，后期加工的部分服装虽无假冒商标，但其明知所加工的系假冒涉案商标的服装，该部分服装价值仍应计入其非法经营数额。

一审判决并未超过起诉书指控范围。

一审法院认定的假冒注册商标的服装均使用了带有图形的相关标识,不存在仅使用“BOY”或“BOY LONDON”标识的服装被认定为假冒注册商标的商品情形,上诉人的上述理由与事实不符,法院不予采纳。

一审判决量刑并无不当。一审法院充分考虑各上诉人的犯罪事实、性质及情节,所作判决在法定幅度范围之内,并未不当。

综上,江苏省高级人民法院于2021年10月15日作出(2021)苏刑终180号刑事裁定:

驳回上诉,维持原判。

案例报送单位:泰州市中级人民法院
一审合议庭成员:王小莉、周红梅、陈　勇
二审合议庭成员:史　蕾、唐　静、顾正义
报送人:王小莉、沙晓晨
审稿人:戴鲁霖

大自然家居公司诉福建大自然公司、周福良等侵害商标权及不正当竞争纠纷案

(2021)参阅案例26号

【裁判摘要】

1. 在近似商标被行政和司法程序认定无效后,侵权人继续恶意抢注、囤积大量近似商标,通过特许经营方式扩大侵权规模,或以变更公司法定代表人、控股股东等方式逃避责任,属于故意侵权、情节严重情形,应当适用惩罚性赔偿。

2. 通过特许经营方式侵权,侵权人因侵权所获得的利益应当包括特许经营所获利益和生产销售侵权产品所获利益两部分。侵权人无正当理由逾期未提交反映被控侵权产品销售数量、利润率以及加盟商数量的财务资料等证据,人民法院可以依法适用举证妨碍规则,在综合考虑权利人请求和现有证据的基础上,确定被控侵权产品销量、单位利润、侵权持续时间等因素,并据此计算赔偿数额。

【相关法条】

1.《中华人民共和国商标法》第六十三条　侵犯商标专用权的赔偿数额,按照权利人因被侵权所受到的实际损失确定;实际损失难以确定的,可以按照侵权

人因侵权所获得的利益确定;权利人的损失或者侵权人获得的利益难以确定的,参照该商标许可使用费的倍数合理确定。对恶意侵犯商标专用权,情节严重的,可以在按照上述方法确定数额的一倍以上五倍以下确定赔偿数额。赔偿数额应当包括权利人为制止侵权行为所支付的合理开支。

人民法院为确定赔偿数额,在权利人已经尽力举证,而与侵权行为相关的账簿、资料主要由侵权人掌握的情况下,可以责令侵权人提供与侵权行为相关的账簿、资料;侵权人不提供或者提供虚假的账簿、资料的,人民法院可以参考权利人的主张和提供的证据判定赔偿数额。

权利人因被侵权所受到的实际损失、侵权人因侵权所获得的利益、注册商标许可使用费难以确定的,由人民法院根据侵权行为的情节判决给予五百万元以下的赔偿。

…………

2.《最高人民法院关于审理商标民事纠纷案件适用法律若干问题的解释》

第十三条　人民法院依据商标法第六十三条第一款的规定确定侵权人的赔偿责任时,可以根据权利人选择的计算方法计算赔偿数额。

第十四条　商标法第六十三条第一款规定的侵权所获得的利益,可以根据侵权商品销售量与该商品单位利润乘积计算;该商品单位利润无法查明的,按照注册商标商品的单位利润计算。

第十六条　权利人因被侵权所受到的实际损失、侵权人因侵权所获得的利益、注册商标使用许可费均难以确定的,人民法院可以根据当事人的请求或者依职权适用商标法第六十三条第三款的规定确定赔偿数额。

人民法院在适用商标法第六十三条第三款规定确定赔偿数额时,应当考虑侵权行为的性质、期间、后果,侵权人的主观过错程度,商标的声誉及制止侵权行为的合理开支等因素综合确定。

…………

【点评】

恶意抢注、囤积商标等扰乱商标注册使用秩序的行为,严重破坏了公平竞争的市场秩序和创新生态,妨碍了市场主体实施品牌战略实现创新发展,对此应当坚决制止,并加大惩治力度。本案系通过司法裁判全面规制商标侵权和恶意抢注、囤积商标的典型案例。本案中,侵权人注册与商标权人具有很高知名度商标近似的商标,在讼争商标被行政和司法程序认定无效后,恶意注册大量其他的近似商标，故意给商标权人维权增加困难，法院通过适用惩罚性赔偿对其进行规制，有力维护了市场秩序，为市场主体运用商标品牌战略实现创新发展提供了有力司法保障。此外，本案还确定了采取特许经营方式下侵权人所获利益的计算标准，在精细化计算的基础上判决了高额赔偿，刷新了当时国内地板行业知识产权领域判赔最高纪录，是江苏法院努力践行最严格知识产权司法保护的生动实践。

原告：大自然家居（中国）有限公司，住所地广东省佛山市顺德区大良街道办事处逢沙村民委员会智城路1号21层。

被告：福建因尔心安木业有限公司，住所地福建省福州市仓山区下渡街道南江滨西大道96号港头商务中心（港头广场）2号楼9层19商务办公。

被告：周福良，男，60岁，汉族，住江西省德兴市。

被告：张家港市杨舍镇塘市东兴苑地板经营部，经营地江苏省苏州市张家港市杨舍镇东兴苑25幢M3。

被告：常州凯宴木业有限公司，住所地江苏省常州市武进区横林镇横玉路292号。

被告：湖州南浔喜尔欣地板厂，住所地浙江省湖州市南浔经济开发区同心村吴越路。

原告大自然家居（中国）有限公司（以下简称大自然家居公司）因与被告福建大自然有限公司（以下简称福建大自然公司）、周福良、张家港市杨舍镇塘市东兴苑地板经营部（以下简称东兴苑地板经营部）、常州凯宴木业有限公司（以下简称凯宴木业公司）、湖州南浔喜尔欣地板厂（以下简称喜尔欣地板厂）侵害商标权及不正当竞争纠纷一案，向苏州市中级人民法院提起诉讼。诉讼中，福建大自然公司变更企业名称为福建因尔心安木业有限公司（以下简称因尔心安木业公司）。

原告大自然家居公司诉称：（1）经过多年的使用与宣传，原告大自然家居公司的“大自然”品牌在地板行业有极高的知名度与影响力，已构成驰名商标。（2）五被告生产和销售“大自然美学家”地板的行为构成商标侵权。（3）被告福建大自然公司刻意将含有“大自然”的文字“大自然美学家”注册为企业名称，将含有“nature”的文字注册为域名“naturemxj. com”，在使用中刻意攀附，造成消费者的混淆误认。诉讼中，基于福建大自然公司更名为因尔心安木业公司，因此请求法院判令：（1）五被告立即停止侵犯原告“大自然”商标专用权的各项行为，因尔心安木业公司立即停止使用“大自然美学家”品牌销售宣传及招商加盟，东兴苑地板经营部、凯宴木业公司、喜尔欣地板厂三被告立即撤除并销毁在店面、产品包装等上使用“大自然美学家”“Nature Mxj”“”字样的物品及库存的侵权产品；（2）因尔心安木业公司立即注销域名“naturemxj. com”；（3）因尔心安木业公司、周福良赔偿经济损失 1500 万元，东兴苑地板经营部在 30 万元范围内承担连带责任，凯宴木业公司、喜尔欣地板厂分别在 20 万元范围内承担连带责任；（4）五被告支付原告因调查取证、制止其侵权行为所支付的合理费用人民币 62924 元；（5）五被告公开刊载声明为原告消除影响。

被告因尔心安木业有限公司、周福良的主要答辩意见为：（1）福建大自然公司在其拥有的“大自然美学家”商标被宣告无效前已经停止了生产和经营，并通知经销商停止销售带有“大自然美学家”商标的商品，其微信公众号“大自然美学家地板”已经注销，相关网站均已关闭。福建大自然公司已将字号变更为福建因尔心安木业有限公司。（2）福建大自然公司此前使用“大自然美学家”字号并不构成商标侵权和不正当竞争。（3）涉案域名“naturemxj. com”是从第三方域名服务商处合法购买；涉案域名来源于福建大自然公司的字号，与原告的域名“nature－cn. cn”既不相同也不相似，并不会导致相关公众误认，且已经关闭，因此原告无权要求注销该域名。（4）原告无权要求福建大自然公司、周福良赔偿经济损失。在“大自然美学家”商标被宣告无效前，周福良、福建大自然公司已经停止生产和经营、注销微信公众号和关闭网站，也立即通知经销商停止销售；福建大自然公司在“大自然美学家”商标被宣告无效前的使用行为也并不构成侵权；周福良系依据诚实信用原则合法取得“大自然美学家”商标，不存在主观恶意。（5）原告主张赔偿经济损失 1500 万元没有法律依据和事实依据。近似注册商标被宣告无效后，不应承担溯及赔偿的责任。原告无证据证明福建大自然公司存在 47 家经销商；现有经销商并非基于对品牌产生误解而加盟；福建大自然公司有自己的质量标准和品牌路线，与原告是一种良性竞争关系。而且，原告也未能提供其因侵权所受到的损失，其主张因维权而支出的合理费用也不应得到支持。（6）对于原告主张的登报声明以消除影响的诉求，因原告未提供商誉受损的证据，故不应支持。

被告东兴苑地板经营部答辩称：（1）其已经停止相关商标的使用行为。（2）其为销售方，销售的商品系合法取得，构成合法来源抗辩。（3）其对被告福建大自然公司、周福良的商标诉争情况和商标状态在本案诉讼前不知情。（4）其不应与被告福建大自然公司、周福良共同承担赔偿责任；原告的合理费用支出系多次诉争的费用，不应让其全额承担。

被告凯宴木业公司、喜尔欣地板厂的主要答辩意见为：使用“大自然美学家”的标识系经过被告福建大自然公司、周福良授权，不存在侵权故意，且“大自然美学家”商标直到 2020 年 1 月 13 日（诉讼期间）才被裁定宣告无效；已经停止使用“大自然美学家”的相关标识；即便构成侵权，不构成共同侵权，且获利较少，不应对原告主张的经济损失承担连带责任。

苏州市中级人民法院审理查明：

一、大自然控股公司的商标注册及品牌推广情况

大自然控股公司为第 4587176 号“大自然”、第 5326609 号“Nature”、第 4587249 号“ ”、第 6857586 号“ ”注册商标的注册人。上述商标主要核定使用在第 19 类木地板等商品上。自 2004 年以来，大自然控股公司及其关联公司持续宣传、使用涉案商标，产品销售遍布全国各地，并获得了一系列荣誉，先后获评 2004 年度全国市场同类产品销量第一名，亚洲 500 最具价值品牌奖，中国环保十强品牌、中国环保地板十强品牌，中国地板十强品牌等。2009 年，核定在地板商品上的“大自然”商标被国家工商行政管理总局商标局认定为驰名商标。

大自然家居公司，成立于 2009 年 12 月 18 日，经营范围为从事家具、装修材料、家居用品等销售和批发。大自然控股公司将包括涉案 4 个商标在内的 10 个商标授权大自然家居公司在中国大陆地区使用，许可使用期限自 2013 年 4 月 30 日至各个注册商标截止之日，同时授权大自然家居公司在全国范围内享有就上述商标的侵权行为采取维权措施的权利。

二、各被告的基本情况及使用涉案相关标识的情况

（一）各被告的基本情况

福建大自然公司成立于 2017 年 5 月 2 日，经营范围为家居用品、木制品、五金、水暖、金属材料、建材等批发、代购代销。福建大自然公司成立时股东为周福良、陈某某，法定代表人周福良。2018 年 4 月 17 日，经变更登记，周福良不再担任该公司法定代表人和公司股东。2020 年 5 月 13 日，在本案诉讼期间，福建大自然公司变更企业名称为因尔心安木业公司。

东兴苑地板经营部成立于 2012 年 11 月 17 日，经营者庞某某，经营范围为地板、五金销售。凯宴木业公司成立于 2016 年 5 月 13 日，经营范围为多层木质地板、实木地板等制造及销售，装饰材料、橡塑制品、地板配件的销售，自营和代理各类商品及技术的进出口业务。喜尔欣地板厂成立于 2013 年 6 月 30 日，系个人独资企业，投资人刘某某，经营范围包括地板、木门、木线条、家居、楼梯销售，地板加工。

（二）各被告实施被控侵权行为的情况

2018 年 1 月至 2019 年 5 月，大自然控股公司、大自然家居公司多次申请保全证据公证。公证书显示内容如下：

福建大自然公司于 2017 年 6 月 8 日审核通过“naturemxj. com”这一网站域名，网址为“www. naturemxj. com”。该网站在每个页面上部醒目位置均用较大字体标注了“大自然美学家”，网站中介绍了福建大自然公司的发展历程及获得的荣誉。

福建大自然公司于 2017 年 6 月 19 日注册“大自然美学家地板”的微信公众号，

该公众号的图标为。在该公众号发布的公司新闻中写道“2017 年 11 月 25 日，福州市上饶商会一行走访了原副会长周福良企业——大自然美学家……大自然美学目前的代理机构及销售网点已遍布全国，且业绩良好”。据新闻中所附的图片显示，福建大自然公司在其公司店铺装潢中多处使用“大自然美学家”和“Nature Mxj”等标识。在微信公众号的“加盟门店”一栏中介绍了大自然美学家在全国各地的加盟店面，加盟页面中使用大自然美学家 Nature Mxj 标识，2018 年 1 月公证时页面显示加盟店 20 家；2019 年 5 月公证时，微信公众号中显示加盟店 46 家，并列明了每家店名及所在的地址。

2019 年 5 月，在百度搜索框中输入“大自然美学家加盟”后进入中华地板网的相应招商页面。在招商页面中有关于福建大自然公司的企业介绍和大自然美学家品牌的介绍，在各页面中使用了“大自然美学家”标识，加盟要求中显示加盟费为 1 万至 5 万元，品牌权益保证金 1 万至 3 万元，基本投资 10 万至 30 万元。

2019 年 5 月 24 日，公证员及公证处工作人员随同大自然家居公司委托代理人来到东兴苑地板经营部，该店门口展示了大型广告牌，广告牌中显示“大自然美学家苏南分公司（厂家直供）”，店内装潢多处使用了“大自然美学家”标识，店内地板产品价格标签上标有“大自然美学家地板 Nature Mxj”标识。在该店铺的仓库中存放有大量地板产品，所有地板产品的外包装盒子上均用较大字体标注了“大自然美学家”字样，部分地板的外包装上显示制造商为凯宴木业公司，生产日期 2018 年 9 月 28 日，部分地板外包装上显示制造商为喜尔欣地板厂，同时标注了福建大自然公司的对外招商电话和福建大自然公司的公司网站。仓库中还存有踢脚线和铺地板的地膜产品，踢脚线的外包装上有“大自然美学家地板 Nature Mxj”标识，地膜的塑料外包装上也有“大自然美学家”字样的标识。该店铺的发货单抬头显示“大自然美学家发货单（工厂直供）”。

据在案证据显示，截至 2019 年 9 月，福建大自然公司仍在委托案外人制作标注有“福建大自然公司”字样的地板包装盒，仍在委托地板加工厂持续生产地板。诉讼中，福建大自然公司提交证据证明其已经关闭在中华地板网和中华建材网的网站，公司官网也已关闭，“大自然美学家地板”的微信公众号已经注销。

（三）各被告之间的经销代工关系

2017 年 8 月 26 日，福建大自然公司与东兴苑地板经营部经营者庞某某签订《经销商加盟合同》。合同中约定，福建大自然公司授权庞某某为江苏省无锡、张家港、泰州、常熟、盐城五个区域内“大自然美学家”地板系列产品的经销商，授权有效期为 7 年，有效期自 2017 年 8 月 26 日至 2023 年 12 月 30 日。

2018 年 5 月 25 日，福建大自然公司与凯宴木业公司签订《大自然美学家地板

OEM 合同》，约定由凯宴木业公司根据福建大自然公司的要求生产大自然美学家地板，合同期限为一年，自 2018 年 5 月 25 日至 2019 年 5 月 24 日。福建大自然公司与凯宴木业公司之间交易总金额为含税价 323466 元，地板单价为每平方 37 元至 42 元不等。

2018 年 8 月 1 日，周福良出具商标授权书一份，上载："大自然美学家地板授权：张家港、庞某某直接对接常州凯宴木业有限公司，独立下单、生产结算。授权期限为一年。"授权书上有周福良、庞某某和凯宴木业公司法定代表人签字。

喜尔欣地板厂主张其与福建大自然公司实质系商标许可合同关系，为此提供了地板厂工作人员姜某某与福建大自然公司财务及股东的微信聊天记录。福建大自然公司、周福良认可其与姜某某之间存在地板采购关系，但是与喜尔欣地板厂无任何关系。

三、大自然家居公司主张损害赔偿的事实

周福良就"大自然美学家"商标与 15 个市场主体签订《商标使用许可合同》，授权区域涉及浙江、江苏、福建等多个省份。福建大自然公司在另案中提交了 13 家经销商经销合同的详细信息，并明确其在全国拥有 46 家门店。2017 年 9 月，福建大自然公司的地板在淮安参加华夏家博会，在家博会上销量排名第三，多层地板每平方售价 238 元。

据周福良在第 11612776 号"**大自然美学家**"商标无效行政诉讼案件中提交的被控侵权产品的销售发票显示，经销商向代工商进货的地板单价为 35 元/平方米、42 元/平方米、129 元/平方米、131 元/平方米、209 元/平方米、212 元/平方米。上述六张销售发票涉及的经销商有部分是与周福良签订经销合同，有部分是与福建大自然公司签订经销合同。

本案中，大自然家居公司主张优先按照被告侵权获利计算损害赔偿额。被告的侵权获利包括加盟费收入和地板销售收入。加盟费收入，福建大自然公司和周福良通过中华地板网对外招商加盟，加盟费标准是 1 万至 5 万元，按照每家加盟费取平均值为 3 万元进行计算，全国 46 家加盟店的总加盟费为 138 万元。地板销售收入，据福建大自然公司在"大自然美学家"商标无效行政诉讼案件中提交的被控侵权地板的增值税发票显示，被控侵权地板的平均价格约为 126 元/平方米，每家加盟店每年平均销售量约为 17433 平方米，开设时间最早的加盟店为 2016 年 3 月，最保守估计加盟店至少开设了两年以上，即便按照大自然家居公司地板产品净利润率为 10% 进行计算，福建大自然公司和周福良的侵权总获利也至少为 21588333 元。同时，大自然家居公司主张结合福建大自然公司、周福良的侵权恶意及侵权情节，适用惩罚性赔偿。

庭审中，福建大自然公司不认可其开设了 46 家加盟店，其认为那些仅仅是福建大自然公司打算在某区域发展经销商的计划蓝图，并非实际加盟数。福建大自然公司与经销商经销合同中约定的提货量和保底销量也并非实际销售量。并且，福建大自然公司也并未盈利。因此，两被告认为大自然家居公司在本案中主张的1500万元没有依据。

大自然家居公司主张为本案诉讼支出律师代理费5万元，公证费6020元，购买被控侵权产品费用4500元，合计60520元，并提交了相应的票据。

四、其他事实

大自然家居公司以福建大自然公司、周福良等为共同被告，分别在江西省、福建省提起商标侵权及不正当竞争纠纷案件。在该两案的审理过程中，大自然家居公司撤回了对于福建大自然公司和周福良的起诉，只以当地经销商为被告要求经销商承担相应的民事责任。

周福良于2012年10月17日申请注册第11612776号“大自然美学家”商标，于2014年3月21日核准注册，核定使用在第19类地板商品上。2015年10月29日，大自然控股公司针对该商标提起无效宣告请求，2016年12月9日，国家工商行政管理总局商标评审委员会（以下简称商评委）作出裁定，维持上述注册商标。2017年4月11日，大自然控股公司不服上述裁定，向北京知识产权法院提起行政诉讼，周福良为第三人。2018年2月27日，该院认定“大自然美学家”商标与大自然家居公司“大自然”引证商标构成近似，遂判令撤销商评委作出的上述裁定，并由商评委就“大自然美学家”商标无效宣告申请重新作出裁定。后周福良不服一审判决，提起上诉。北京市高级人民法院于2018年12月10日判决驳回上诉，维持原判。周福良不服，向最高人民法院申请再审，最高人民法院于2019年9月20日驳回周福良的再审申请。2019年4月10日，商评委重新作出裁定，宣告第11612776号“大自然美学家”商标无效。2020年1月13日，国家知识产权局发布第11612776号“大自然美学家”商标宣告全部无效的公告。

另，周福良在第19类地板商品上申请注册了“大自然美学佳”“大自然文学家”“大自然绘画家”“大自然思想家”“大自然书法家”“大自然音乐家”“—Nature Mxj—”等标识，大部分标识在商标异议阶段被裁定不予注册，个别仍在商标异议阶段，个别已被宣告无效。

截至本案诉讼，周福良以“大自然美学家”为商标名称，在不同类别的商品上共计申请注册了50件商标，其中36件均是在2018年3月21日同一天提交的注册申请。

苏州市中级人民法院一审审理认为：

本案的争议焦点为：（一）大自然家居公司指控的商标侵权行为是否成立；（二）大自然家居公司指控的不正当竞争行为是否成立；（三）如构成侵权，则本案的民事责任如何承担。

一、关于大自然家居公司指控的商标侵权行为是否成立的问题

大自然控股公司系第4587176号“大自然”、第5326609号“Nature”、第4587249

号“ ”、第 6857586 号“ ”商标权利人，上述商标均在有效期之内，其所享有的注册商标专用权依法应受法律保护。大自然控股公司授权大自然家居公司使用上述商标，并就上述商标进行维权，故大自然家居公司有权提起本案诉讼。

依照《中华人民共和国商标法》第五十七条第一项和第二项的规定，未经商标注册人的许可，在同一种商品上或类似商品上使用与其注册商标相同的商标，或近似的商标容易导致混淆的，属于侵害注册商标专用权的行为。本案中，大自然控股公司涉案四个商标核定使用的商品均为第 19 类地板等商品，福建大自然公司生产、销售的“大自然美学家”地板与涉案注册商标核定使用的商品相同，其在地板外包装、微信公众号、公司网站、店铺装潢、对外招商加盟等大量使用“ ”“大自然美学家地板 Nature Mxj”“大自然美学家”等标识。上述标识的构成元素“大自然美学家”“Nature Mxj”和“ ”，分别与大自然家居公司在本案中主张保护的“大自然”“Nature”“ ”商标构成近似，上述元素进行图文组合后的标识，与大自然家居公司在本案中主张保护的“ ”商标在文字、呼叫、整体色彩搭配、视觉效果上构成近似，容易使相关公众对商品来源产生误认，或认为与大自然家居公司的商品有特定联系，故构成对大自然家居公司第 4587176 号“大自然”、第 5326609 号“Nature”、第 4587249 号“ ”、第 6857586 号“ ”商标的侵害。

福建大自然公司和周福良抗辩称，大自然家居公司在本案中指控的侵权行为发生在第 11612776 号“大自然美学家”商标被宣告无效之前，基于该商标于 2020 年 1 月才被宣告无效，因此其在之前的行为不构成侵权。对此，法院认为：一方面，商标被宣告无效是自始无效；另一方面，福建大自然公司和周福良在经营活动中并非规范使用“大自然美学家”这一标识，而是进行中英文、图文组合后进行使用，组合后的标识无论从构成元素还是标识整体都与大自然家居公司主张保护的商标构成近似，故福建大自然公司和周福良以一件被宣告无效的商标作为自己实施侵权行为的免责事由并无事实和法律依据，不予支持。

被告东兴苑地板经营部作为专门从事地板销售的经销商，理应知道大自然家居公司涉案商标在地板行业已享有很高的知名度和影响力，仍加盟福建大自然公司成为其经销商，销售侵犯涉案注册商标专用权的地板及地板配套辅材，且在其店铺装潢中多处使用“大自然美学家地板 Nature Mxj”“ 大自然美学家”等标识，其行为亦属侵犯注册商标专用权的行为，应承担停止侵权并赔偿损失的民事责任。被告凯宴木业公司、喜尔欣地板厂生产标注有“大自然美学家”标识的地板产品，构成对大自然家居公司涉案第 4587176 号“大自然”商标的侵害，应与福建大自然公司共同承担相应的民事责任。

二、关于大自然家居公司指控的不正当竞争行为是否成立的问题

经营者在市场交易中，应当遵循自愿、平等、公平、诚实信用的原则，遵守公认的商业道德。本案中，第一，福建大自然公司作为地板行业的同业经营者，在大自然地板早在2009年就已经获评驰名商标的情况下，理应知道原告大自然家居公司涉案商标在行业内具有很高的知名度与影响力，其不仅不履行避让义务，反而刻意注册与原告"nature"商标近似的域名，利用该网站从事相应的商业推广行为，推广被控的大自然美学家地板产品，这一行为足以导致相关公众对网站主体的误认或者认为其与原告之间存在授权等特殊关联性。福建大自然公司的上述行为属于违反诚实信用原则的不正当竞争行为，应予禁止。在诉讼中，虽然福建大自然公司将涉案网站关闭，但是关闭并不等于注销，福建大自然公司仍应履行注销域名的义务。第二，福建大自然公司成立时，原告的"大自然"商标已经在地板行业具有了较高的知名度与影响力，福建大自然公司作为同业经营者，将含有"大自然"商标的文字注册为企业名称，并在使用过程中刻意攀附，造成消费者混淆误认，构成不正当竞争。基于福建大自然公司在诉讼中已经变更企业字号，大自然家居公司也已撤回该项诉讼请求，因此对于变更企业字号不再重复判决。

三、本案民事责任如何承担

（一）福建大自然公司与周福良共同实施了侵权行为

福建大自然公司作为"大自然美学家"地板的品牌运营方，在其微信公众号"大自然美学家地板"与官方网站持续对"大自然美学家地板"进行宣传与推广，通过中华地板网开展招商加盟，并授权多家地板厂以OEM方式加工地板之后分销给经销商，可以认定其实施了覆盖全链条的生产、销售、推广被控侵权产品的行为。

被告周福良作为福建大自然公司成立之时的股东和法定代表人，通过申请注册"大自然美学家"商标制造各种授权关系，直接控制和影响福建大自然公司。一方面通过福建大自然公司在全国范围内吸引经销商加盟。另一方面以自己名义授权多家地板厂以OEM方式加工地板之后分销给经销商。同时将福建大自然公司运营被控侵权产品的收入通过私人账户进行结算，从而使其成为直接的侵权获利者。另外，需要注意的是，周福良围绕涉案"大自然"商标抢注了大量的近似商标，覆盖了大部分的商品类别。据此，足以认定周福良在明知大自然家居公司涉案商标知名度的情况下，通过控制福建大自然公司实施涉案侵权行为，其个人对全案侵权行为起到了策划、组织、实施的重要作用，应与福建大自然公司共同承担侵权责任。

（二）关于赔偿数额的确定

1. 福建大自然公司和周福良应承担的赔偿责任。

《最高人民法院关于审理商标民事纠纷案件适用法律若干问题的解释》（2002

年版)第十四条规定:“商标法第五十六条第一款规定的侵权所获得的利益,可以根据侵权商品销售量与该商品单位利润乘积计算;该商品单位利润无法查明的,按照注册商标商品的单位利润计算。”本案中,被告福建大自然公司和周福良的侵权获利主要包括两方面:一方面是加盟费的收入,另一方面是生产销售地板产品的收入。关于两被告的侵权获利,大自然家居公司已经提交了被诉侵权人生产、销售被诉侵权产品数量、价格的初步证据,在本案诉讼过程中,法院责令被诉侵权人提交能够反映被控侵权产品销量、利润率及全国加盟店情况的完整财务资料等证据,但被告无正当理由逾期未提交,故将适用举证妨碍规则,根据本案现有证据计算赔偿数额。

关于加盟费的收入。福建大自然公司在其微信公众号上自行披露截至2019年5月23日加盟店数量为46家,周福良在第11612776号“大自然美学家”商标的无效行政诉讼中自行提交的证据显示在全国范围内有46家加盟店,由此可以确认,福建大自然公司至少有46家加盟店。福建大自然公司和周福良抗辩称46家加盟店仅仅是计划蓝图,并非实际数量,这一抗辩未有任何证据支持,不予采信。根据福建大自然公司在中华地板网发布的招商加盟信息显示,加盟费标准是1万至5万元。由此可以推算,福建大自然公司和周福良所获得的加盟费收入在46万至230万元之间。

关于销售被控侵权产品的收入。(1)侵权持续时间。据证据显示,周福良签订的第一份地板经销协议时间为2016年3月20日,即周福良最晚从2016年3月20日已开始实施被控侵权行为。截至2018年1月31日,被控侵权产品在全国的加盟店已有20家。截至2019年5月23日,福建大自然公司通过微信公众号公布其在全国拥有加盟商46家。由此可知,有26家经销商的经营时间不足两年,有20家经销商的经营时间超过两年。在计算损害赔偿时为了计算结果更精细,按照26家加盟店经营一年,20家加盟店经营两年进行测算。(2)被控侵权产品的销量。据福建大自然公司和周福良提供的经销合同书显示,部分合同中明确约定了年度提货量或保底销售任务,约定的最低年度提货量为5000平方米,最高为3万平方米。(3)被控侵权产品的单位利润。被控侵权产品单位利润的确定依赖于被控侵权产品的销售单价和利润率。基于本案被控侵权产品涉及全国各地几十家加盟商、众多型号的产品,因此权利人无法一一穷尽进行举证。在此情况下,大自然家居公司将商标无效行政诉讼中周福良提交的代工商分销被控侵权地板的平均价格,作为被控侵权产品的销售价格进行主张,对于利润率以地板行业上市公司的平均毛利润率进行主张。福建大自然公司和周福良认为原告没有任何依据且主张明显过高,但经法院要求后,二被告未能提供其持有的销售被控侵权产品利润的证据,故法院对原告主张的计算方式予以采信。经查,福建大自然公司和周福良通过代工商向经销商分销被控侵权地板的平均价格为126元/平方米；大自然家居公司在2017年至2019年木地板产品的平均毛利率为27.8%，相较于同行业的德尔未来科技控股集团股份有限公司和大亚圣象家居股份有限公司在2017年至2019年木地板产品37.07%的平均毛利润率，27.8%的利润率符合该期间行业利润率的平均水平。本案中，福建大自然公司和周福良系以侵权为业，并且多以私人账户结算，企业税收、广告支出、管理费用等各方面的经营成本均远低于上市公司，据此足以认定侵权人的利润率应远高于行业平均利润率和大自然家居公司的利润率。综上，本案在计算损害赔偿额时按照大自然家居公司地板产品的平均毛利润率进行确定。据此，被控侵权产品的单位利润为126元/平方米×27.8%=35元/平方米。

综上，福建大自然公司和周福良在整个侵权期间的销售获利应为：被控侵权产品的加盟商数量×每家加盟商的销售数量×被控侵权产品的单位利润。在该计算公式中，基于加盟商的成立时间有先后，各家销量也不同，且这些证据均掌握在福建大自然公司和周福良的手中，在其拒绝提供各家加盟商具体销量的情况下，法院根据现有证据按照最为保守的方法进行推算。如上所述，对于每家加盟商每年的销售量按照经销合同中显示的最低提货量每年5000平方米进行计算。由此计算出福建大自然公司和周福良的销售获利为：[（26家×5000平方米/年×1年）+（20家×5000平方米/年×2年）]×35元/平方米=1155万元。即便按照每家加盟店平均经营时长仅为一年进行计算，福建大自然公司和周福良的销售获利也达到805万元（46家×5000平方米/年×1年×35元/平方米=805万元）。

关于惩罚性赔偿。根据《中华人民共和国商标法》第六十三条"对恶意侵犯商标专用权，情节严重的，可以在按照上述方法确定数额的一倍以上五倍以下确定赔偿数额"之规定，对于恶意侵权情节严重者，可以适用惩罚性赔偿。本案中，福建大自然公司和周福良属于恶意侵权且侵权情节严重。首先，周福良围绕"大自然"商标在地板商品上注册了大量与"大自然"近似的"大自然××家"的商标，"傍名牌""搭便车"的恶意十分明显；且在明知"大自然美学家"商标已被行政判决认定与"大自然"商标构成近似的情况下，周福良于同一天在几十个不同商品类别上注册了"大自然美学家"商标，此种囤积商标的行为给大自然家居公司今后的维权设置了大量障碍。其次，大自然控股公司自2015年就开始对周福良注册的"大自然美学家"商标提出商标异议、商标无效宣告申请以及后续行政诉讼，在大自然控股公司对周福良商标无效宣告期间及商标无效行政诉讼一审判决后，福建大自然公司和周福良不仅未减少对"大自然美学家"标识的使用，反而进行全国范围的大规模扩张，侵权门店数呈倍数增长。最后，在"大自然美学家"商标无效宣告行政诉讼一审认定该商标应予无效之后,周福良为了逃避责任,于 2018 年 4 月办理工商变更登记,不再担任福建大自然公司的法定代表人和股东,具有明显规避法律责任的故意。故本案符合惩罚性赔偿的适用条件,法院在本案中确定一倍的惩罚性赔偿比例。

需要说明的是,本案处理的是在全国范围内截至本案判决之前,福建大自然公司和周福良实施被控侵权行为所应承担的民事赔偿责任。鉴于大自然家居公司在本案中对福建大自然公司和周福良主张 1500 万元的损害赔偿金额,因此对其主张予以全额支持。

2. 其他主体应承担的赔偿责任。

关于东兴苑地板经营部、凯宴木业公司、喜尔欣地板厂应承担的赔偿责任问题。如前所述,本案系由周福良、福建大自然公司统一策划、主导、实施并由其代工商、经销商一并参与的侵权行为,故东兴苑地板经营部、凯宴木业公司、喜尔欣地板厂应在各自的侵权范围内与福建大自然公司、周福良承担连带责任。根据东兴苑地板经营部经营规模、侵权行为持续时间、侵权行为发生区域、侵权情节等因素确定其应承担的赔偿金额为 30 万元。根据凯宴木业公司、喜尔欣地板厂代工持续时间、代工的被控侵权产品量、侵权情节等因素确定其承担的赔偿金额均为 6 万元。

3. 关于本案的维权合理支出问题。

大自然家居公司为本案维权支出的合理费用,包括律师费、公证费、购买被控侵权产品费用,合计 60520 元,予以全额支持。基于五被告均构成侵权,因此由五被告共同负担大自然家居公司的维权合理开支。

(三)其他民事责任的承担

基于大自然家居公司未提供证据证明五被告的行为对其市场声誉造成不良影响,而判令五被告停止侵权已能对大自然家居公司的权利予以救济,故对大自然家居公司要求五被告登报消除影响的诉讼请求不予支持。

据此,苏州市中级人民法院依据《中华人民共和国商标法》第三条、第五十七条、第五十八条、第六十三条,《中华人民共和国反不正当竞争法》第二条、第六条、第十七条等规定,于 2021 年 2 月 5 日作出(2020)苏 05 民初 60 号民事判决:

一、被告福建因尔心安木业有限公司、周福良、张家港市杨舍镇塘市东兴苑地板经营部立即停止涉案侵犯第 4587176 号“大自然”、第 5326609 号“Nature”、第 4587249 号“ ”、第 6857586 号“ ”注册商标专用权的行为,被告常州凯宴木业有限公司、湖州南浔喜尔欣地板厂立即停止涉案侵犯第 4587176 号“大自然”注册商标专用权的行为;

二、被告福建因尔心安木业有限公司于本判决生效后十日内注销“naturemxj.com”域名;

三、被告福建因尔心安木业有限公司、周福良于判决生效后十日内赔偿原告大自然家居(中国)有限公司经济损失人民币 1500 万元;被告张家港市杨舍镇塘市东兴苑地板经营部在 30 万元范围内与福建因尔心安木业有限公司、周福良承担连带责任；被告常州凯宴木业有限公司、湖州南浔喜尔欣地板厂分别在6万元范围内与福建因尔心安木业有限公司、周福良承担连带责任；

四、被告福建因尔心安木业有限公司、周福良、张家港市杨舍镇塘市东兴苑地板经营部、常州凯宴木业有限公司、湖州南浔喜尔欣地板厂于判决生效后十日内支付原告大自然家居（中国）有限公司为维权支出的合理费用60520元；

五、驳回大自然家居（中国）有限公司的其他诉讼请求。

一审判决后，因尔心安木业公司、周福良、东兴苑地板经营部不服，提起上诉。因尔心安木业公司、周福良经催缴后未足额预交上诉案件受理费，东兴苑地板经营部提起上诉后撤回上诉，江苏省高级人民法院裁定准予撤回上诉。

案例报送单位：苏州市中级人民法院
一审合议庭成员：庄敬重、徐飞云、张小全
报送人：徐飞云
审稿人：戴鲁霖

最高人民法院指导性案例裁判要点

左尚明舍家居用品（上海）有限公司诉北京中融恒盛木业有限公司、南京梦阳家具销售中心侵害著作权纠纷案（指导案例157号）

对于具有独创性、艺术性、实用性、可复制性，且艺术性与实用性能够分离的实用艺术品，可以认定为实用艺术作品，并作为美术作品受著作权法的保护。受著作权法保护的实用艺术作品必须具有艺术性，著作权法保护的是实用艺术作品的艺术性而非实用性。

深圳市卫邦科技有限公司诉李坚毅、深圳市远程智能设备有限公司专利权权属纠纷案（指导案例158号）

判断是否属于专利法实施细则第十二条第一款第三项规定的与在原单位承担的本职工作或者原单位分配的任务“有关的发明创造”时，应注重维护原单位、离职员工以及离职员工新任职单位之间的利益平衡，综合考虑以下因素作出认定：一是离职员工在原单位承担的本职工作或原单位分配的任务的具体内容；二是涉案专利的具体情况及其与本职工作或原单位分配的任务的相互关系；三是原单位是否开展了与涉案专利有关的技术研发活动，或者有关的技术是否具有其他合法来源；四是涉案专利（申请）的权利人、发明人能否对专利技术的研发过程或者来源作出合理解释。

深圳敦骏科技有限公司诉深圳市吉祥腾达科技有限公司等侵害发明专利权纠纷案（指导案例159号）

1. 如果被诉侵权行为人以生产经营为目的，将专利方法的实质内容固化在被诉侵权产品中，该行为或者行为结果对专利权利要求的技术特征被全面覆盖起到了不可替代的实质性作用，终端用户在正常使用该被诉侵权产品时就能自然再现该专利方法过程，则应认定被诉侵权行为人实施了该专利方法，侵害了专利权人的权利。

2. 专利权人主张以侵权获利计算损害赔偿数额且对侵权规模事实已经完成初步举证，被诉侵权人无正当理由拒不提供有关侵权规模事实的相应证据材料，导致用于计算侵权获利的基础事实无法确定的，对被诉侵权人提出的应考虑涉案专利对其侵权获利的贡献度的抗辩，人民法院可以不予支持。

蔡新光诉广州市润平商业有限公司侵害植物新品种权纠纷案（指导案例160号）

1. 授权品种的繁殖材料是植物新品种权的保护范围，是品种权人行使排他独占权的基础。授权品种的保护范围不限于申请品种权时所采取的特定方式获得的繁殖材料,即使不同于植物新品种权授权阶段育种者所普遍使用的繁殖材料,其他植物材料可用于授权品种繁殖材料的,亦应当纳入植物新品种权的保护范围。

2. 植物材料被认定为某一授权品种的繁殖材料,必须同时满足以下要件:属于活体,具有繁殖能力,并且繁殖出的新个体与该授权品种的特征特性相同。植物材料仅可以用作收获材料而不能用作繁殖材料的,不属于植物新品种权保护的范围。

广州王老吉大健康产业有限公司诉加多宝(中国)饮料有限公司虚假宣传纠纷案(指导案例161号)

人民法院认定广告是否构成反不正当竞争法规定的虚假宣传行为,应结合相关广告语的内容是否有歧义,是否易使相关公众产生误解以及行为人是否有虚假宣传的过错等因素判断。一方当事人基于双方曾经的商标使用许可合同关系以及自身为提升相关商标商誉所做出的贡献等因素,发布涉案广告语,告知消费者基本事实,符合客观情况,不存在易使相关公众误解的可能,也不存在不正当地占用相关商标的知名度和良好商誉的过错,不构成反不正当竞争法规定的虚假宣传行为。

重庆江小白酒业有限公司诉国家知识产权局、第三人重庆市江津酒厂(集团)有限公司商标权无效宣告行政纠纷案(指导案例162号)

当事人双方同时签订了销售合同和定制产品销售合同,虽然存在经销关系,但诉争商标图样、产品设计等均由代理人一方提出,且定制产品销售合同明确约定被代理人未经代理人授权不得使用定制产品的产品概念、广告用语等,在被代理人没有在先使用行为的情况下,不能认定诉争商标为商标法第十五条所指的“被代理人的商标”。

江苏省纺织工业(集团)进出口有限公司及其五家子公司实质合并破产重整案(指导案例163号)

1. 当事人申请对关联企业合并破产的,人民法院应当对合并破产的必要性、正当性进行审查。关联企业成员的破产应当以适用单个破产程序为原则,在关联企业成员之间出现法人人格高度混同、区分各关联企业成员财产成本过高、严重损害债权人公平清偿利益的情况下,可以依申请例外适用关联企业实质合并破产方式进行审理。

2. 采用实质合并破产方式的,各关联企业成员之间的债权债务归于消灭,各成员的财产作为合并后统一的破产财产,由各成员的债权人作为一个整体在同一程序中按照法定清偿顺位公平受偿。合并重整后,各关联企业原则上应当合并为一个企业,但债权人会议表决各关联企业继续存续,人民法院审查认为确有需要的,可以准许。

3. 合并重整中,重整计划草案的制定应当综合考虑进入合并的关联企业的资产及经营优势、合并后债权人的清偿比例、出资人权益调整等因素,保障各方合法权益;同时,可以灵活设计“现金+债转股”等清偿方案、通过“预表决”方式事先征求债权人意见并以此为基础完善重整方案，推动重整的顺利进行。

江苏苏醇酒业有限公司及关联公司实质合并破产重整案（指导案例164号）

在破产重整过程中，破产企业面临生产许可证等核心优质资产灭失、机器设备闲置贬损等风险，投资人亦希望通过试生产全面了解企业经营实力的，管理人可以向人民法院申请由投资人先行投入部分资金进行试生产。破产企业核心资产的存续直接影响到破产重整目的的实现，管理人的申请有利于恢复破产企业持续经营能力，有利于保障各方当事人的利益，该试生产申请符合破产保护理念，人民法院经审查，可以准许。同时，投资人试生产在获得准许后，应接受人民法院、管理人及债权人的监督，以公平保护各方的合法权益。

重庆金江印染有限公司、重庆川江针纺有限公司破产管理人申请实质合并破产清算案（指导案例165号）

1. 人民法院审理关联企业破产清算案件，应当尊重关联企业法人人格的独立性，对各企业法人是否具备破产原因进行单独审查并适用单个破产程序为原则。当关联企业之间存在法人人格高度混同、区分各关联企业财产的成本过高、严重损害债权人公平清偿利益时，破产管理人可以申请对已进入破产程序的关联企业进行实质合并破产清算。

2. 人民法院收到实质合并破产清算申请后，应当及时组织申请人、被申请人、债权人代表等利害关系人进行听证，并综合考虑关联企业之间资产的混同程度及其持续时间、各企业之间的利益关系、债权人整体清偿利益、增加企业重整的可能性等因素，依法作出裁定。

北京隆昌伟业贸易有限公司诉北京城建重工有限公司合同纠纷案（指导案例166号）

当事人双方就债务清偿达成和解协议，约定解除财产保全措施及违约责任。一方当事人依约申请人民法院解除了保全措施后，另一方当事人违反诚实信用原则不履行和解协议，并在和解协议违约金诉讼中请求减少违约金的，人民法院不予支持。

北京大唐燃料有限公司诉山东百富物流有限公司买卖合同纠纷案（指导案例167号）

代位权诉讼执行中，因相对人无可供执行的财产而被终结本次执行程序，债权人就未实际获得清偿的债权另行向债务人主张权利的，人民法院应予支持。

中信银行股份有限公司东莞分行诉陈志华等金融借款合同纠纷案（指导案例168号）

以不动产提供抵押担保，抵押人未依抵押合同约定办理抵押登记的，不影响抵押合同的效力。债权人依据抵押合同主张抵押人在抵押物的价值范围内承担违约赔偿责任的，人民法院应予支持。抵押权人对未能办理抵押登记有过错的，相应减轻抵押人的赔偿责任。

徐欣诉招商银行股份有限公司上海延西支行银行卡纠纷案（指导案例169号）

持卡人提供证据证明他人盗用持卡人

名义进行网络交易，请求发卡行承担被盗刷账户资金减少的损失赔偿责任，发卡行未提供证据证明持卡人违反信息妥善保管义务，仅以持卡人身份识别信息和交易验证信息相符为由主张不承担赔偿责任的，人民法院不予支持。

饶国礼诉某物资供应站等房屋租赁合同纠纷案（指导案例170号）

违反行政规章一般不影响合同效力，但违反行政规章签订租赁合同，约定将经鉴定机构鉴定存在严重结构隐患，或将造成重大安全事故的应当尽快拆除的危房出租用于经营酒店，危及不特定公众人身及财产安全，属于损害社会公共利益、违背公序良俗的行为，应当依法认定租赁合同无效，按照合同双方的过错大小确定各自应当承担的法律责任。

中天建设集团有限公司诉河南恒和置业有限公司建设工程施工合同纠纷案（指导案例171号）

执行法院依其他债权人的申请，对发包人的建设工程强制执行，承包人向执行法院主张其享有建设工程价款优先受偿权且未超过除斥期间的，视为承包人依法行使了建设工程价款优先受偿权。发包人以承包人起诉时行使建设工程价款优先受偿权超过除斥期间为由进行抗辩的，人民法院不予支持。

秦家学滥伐林木刑事附带民事公益诉讼案（指导案例172号）

1. 人民法院确定被告人森林生态环境修复义务时，可以参考专家意见及林业规划设计单位、自然保护区主管部门等出具的专业意见，明确履行修复义务的树种、树龄、地点、数量、存活率及完成时间等具体要求。

2. 被告人自愿交纳保证金作为履行生态环境修复义务担保的，人民法院可以将该情形作为从轻量刑情节。

北京市朝阳区自然之友环境研究所诉中国水电顾问集团新平开发有限公司、中国电建集团昆明勘测设计研究院有限公司生态环境保护民事公益诉讼案（指导案例173号）

人民法院审理环境民事公益诉讼案件，应当贯彻保护优先、预防为主原则。原告提供证据证明项目建设将对濒危野生动植物栖息地及生态系统造成毁灭性、不可逆转的损害后果，人民法院应当从被保护对象的独有价值、损害结果发生的可能性、损害后果的严重性及不可逆性等方面，综合判断被告的行为是否具有《最高人民法院关于审理环境民事公益诉讼案件适用法律若干问题的解释》第一条规定的“损害社会公共利益重大风险”。

中国生物多样性保护与绿色发展基金会诉雅砻江流域水电开发有限公司生态环境保护民事公益诉讼案（指导案例174号）

人民法院审理环境民事公益诉讼案件，应当贯彻绿色发展理念和风险预防原则，根据现有证据和科学技术认为项目建成后可能对案涉地濒危野生植物生存环境造成破坏，存在影响其生存的潜在风险，从而损害生态环境公共利益的，可以判决被告采取预防性措施，将对濒危野生植物生存的影响纳入建设项目的环境影响评价，促进环境保护和经济发展的协调。

江苏省泰州市人民检察院诉王小朋等59人生态破坏民事公益诉讼案（指导案例175号）

1. 当收购者明知其所收购的鱼苗系非法捕捞所得，仍与非法捕捞者建立固定买卖关系，形成完整利益链条，共同损害生态资源的，收购者应当与捕捞者对共同实施侵权行为造成的生态资源损失承担连带赔偿责任。

2. 侵权人使用禁用网具非法捕捞，在造成其捕捞的特定鱼类资源损失的同时，也破坏了相应区域其他水生生物资源，严重损害生物多样性的，应当承担包括特定鱼类资源损失和其他水生生物资源损失在内的生态资源损失赔偿责任。当生态资源损失难以确定时，人民法院应当结合生态破坏的范围和程度、资源的稀缺性、恢复所需费用等因素，充分考量非法行为的方式破坏性、时间敏感性、地点特殊性等特点，并参考专家意见，综合作出判断。

湖南省益阳市人民检察院诉夏顺安等15人生态破坏民事公益诉讼案（指导案例176号）

人民法院审理环境民事公益诉讼案件，应当贯彻损害担责、全面赔偿原则，对于破坏生态违法犯罪行为不仅要依法追究刑事责任，还要依法追究生态环境损害民事责任。认定非法采砂行为所导致的生态环境损害范围和损失时，应当根据水环境质量、河床结构、水源涵养、水生生物资源等方面的受损情况进行全面评估、合理认定。

海南临高盈海船务有限公司诉三沙市渔政支队行政处罚案（指导案例177号）

我国为《濒危野生动植物种国际贸易公约》缔约国，对于列入该公约附录一、附录二中的珊瑚、砗磲的所有种，无论活体、死体，还是相关制品，均应依法给予保护。行为人非法运输该公约附录一、附录二中的珊瑚、砗磲，行政机关依照野生动物保护法等有关规定作出行政处罚的，人民法院应予支持。

北海市乃志海洋科技有限公司诉北海市海洋与渔业局行政处罚案（指导案例178号）

1. 行为人未依法取得海域使用权，在海岸线向海一侧以平整场地及围堰护岸等方式，实施筑堤围割海域，将海域填成土地并形成有效岸线，改变海域自然属性的用海活动可以认定为构成非法围海、填海。

2. 同一海域内，行为人在无共同违法意思联络的情形下，先后各自以其独立的行为进行围海、填海，并造成不同损害后果的，不属于共同违法的情形。行政机关认定各行为人的上述行为已构成独立的行政违法行为，并对各行为人进行相互独立的行政处罚，人民法院应予支持。对于同一海域内先后存在两个以上相互独立的非法围海、填海行为，行为人应各自承担相应的行政法律责任，在后的违法行为不因在先的违法行为适用从轻或者减轻行政处罚的有关规定。

2021年《江苏省高级人民法院公报》发布参阅案例情况统计

经江苏省高级人民法院审判委员会讨论通过,2021年《江苏省高级人民法院公报》共发布参阅案例26件。其中,发布各中级法院、基层法院报送案例21件;发布省法院各审判业务部门报送案例5件。

各地法院情况分别为:南京法院4件(南京中院1件,玄武法院1件,江宁法院1件,江宁经济技术开发区法院1件);南通法院4件(南通中院3件,崇川法院1件);苏州法院3件(苏州中院2件,虎丘法院1件);无锡法院2件(梁溪法院1件,江阴法院1件);泰州法院2件(泰州中院1件,姜堰法院1件);淮安法院2件(淮安中院1件,盱眙法院1件);徐州法院2件(徐州中院1件,睢宁法院1件);盐城法院1件(中院报送);宿迁法院1件(中院报送)。

省法院各审判业务部门报送案例被采用的情况为:民一庭1件,民三庭2件,行政庭1件,执裁庭1件。

2021年《江苏省高级人民法院公报》总目录

一、重要文献

二、司法文件

三、审 判 动 态

四、参 阅 案 例

五、裁 判 文 书

六、司 法 信 息

七、任 免 决 定

欢迎订阅 2022 年《江苏省高级人民法院公报》

《江苏省高级人民法院公报》(以下简称《公报》)由江苏省高级人民法院审判委员会主办,是唯一公开介绍江苏省法院司法审判工作的官方权威文献,是江苏省高级人民法院对外公布权威信息、规范性文件等重要司法文件、典型案例、案件裁判文书以及其他适宜公开的司法信息资料的法定出版物。

《公报》主要栏目中,重要文献包括法院工作报告、工作要点、重要领导讲话等;司法文件包括指导审判工作的指南、通知、纪要等规范性文件;审判动态包括审判工作整体态势分析、相关类案审理情况等;参阅案例指供全省法院审理参考的具有指导意义的裁判范例;裁判文书指在制作内容、形式等方面具有示范、典型意义的裁判文书;司法信息包括指导性案例裁判摘要、案例指导工作动态以及其他应当公知的信息等。

《公报》反映了江苏省高级人民法院审判委员会对法的精神和各类法律难题的权威司法观点,它不仅是所有法律人士的必备资料,也是司法机关司法、政府部门执法以及仲裁、调解人员解决纠纷的重要参考,更是公民和企事业单位依法维权的有效依据。一册在手,权威便捷;重要观点,精华速览;深入浅出,易读易懂。它将助您解决困扰不已的法律难题!

《江苏省高级人民法院公报》全年共 6 辑,2022 年每辑定价 15 元,总定价 90 元(含递送资费)。订阅者请按要求填写征订单并汇款至**法律出版社有限公司**,相关问题咨询、订单查询请直接与法律出版社有限公司联系。另务请将征订单(第二联)发邮件或寄至《江苏省高级人民法院公报》编辑部,以便监督。

联系地址(负责监督):江苏省南京市宁海路 75 号　　邮政编码:210024
收 件 人:《江苏省高级人民法院公报》编辑部　　缪　芳　左一凡
联系电话:(025)83785651/(025)83785610

联系地址(负责发行订购):法律出版社有限公司
详细地址:北京市丰台区莲花池西里 7 号法律出版社综合业务楼　邮政编码:100073
联系人:郭孟(010)83938360　　李世强(010)83938361　　冯高琼(010)83938073

《江苏省高级人民法院公报》征订单(第一联)

第一联:发书凭证(寄法律出版社有限公司) 20 年 月 日

订购单位		邮政编码	
详细地址		联 系 人	
订购数量		联系电话	
汇款金额		全年定价 90 元/份,每份共 6 辑	
汇款方式:银行( ) 邮局( ) 个人汇款姓名:( )			
开发票信息(可只填税号或统一信用代码一项)		纸质发票( ) 电子发票( )	
税号或统一信用代码			
地址及电话			
开户行及账号			
如果可以接受电子发票,请留电子邮箱			

特别提示:①请务必在 2022 年 8 月 10 日前将本联填写清楚连同汇款回执传真至 010 - 83938359,或拍照(扫描)后发邮件至 2641702055@ qq. com,或寄回法律出版社有限公司(地址见汇款须知)。②如需发票请注明,发票单独邮寄。③如通过邮局汇款,务请在汇款单附言栏里注明订购书名及份数。

《江苏省高级人民法院公报》征订单(第二联)

第二联:监督凭证(寄江苏省高级人民法院) 20 年 月 日

订购单位		邮政编码	
详细地址		联 系 人	
订购数量		联系电话	
汇款金额		全年定价 90 元/份,每份共 6 辑	
备 注			

特别提示:请将此联发邮件至 jsfyalbj@ 163. com 或寄回《江苏省高级人民法院公报》编辑部(邮寄地址:江苏省南京市宁海路 75 号,左一凡收,邮政编码:210024)。

汇 款 须 知

银行汇款:

开户行:中国工商银行北京六里桥支行

账 号:**02002 81019 02040 1503**

户 名:法律出版社有限公司

联系人:郭孟(010)83938360 李世强(010)83938361 冯高琼(010)83938073

订单发送邮箱:2641702055@ qq. com 传 真:(010)83938359

邮寄地址:北京市丰台区莲花池西里 7 号法律出版社综合业务楼(邮政编码:100073)